Jörg Müller
Gott ist anders

W0173430

Jörg Müller

Gott
ist anders

Das Leiden an den falschen
Gottesvorstellungen
Wege zur Heilung

Betulius Verlag
Stuttgart

Die Deutsche Bibliothek – CIP-Einheitsaufnahme

Müller, Jörg:
Gott ist anders: das Leiden an den falschen
Gottesvorstellungen; Wege zur Heilung / Jörg Müller. –
Stuttgart: Betulius, 1993
  ISBN 3-89511-005-1

Umschlaggestaltung: Atelier Reichert, Stuttgart.
Reproduktion: Kilta Kuchenmüller, Grafik Design, Stuttgart
Gesamtherstellung: Clausen & Bosse, Leck.

MENSCHEN
REAGIEREN NICHT
AUF DAS,
WAS IN
WIRKLICHKEIT
GESCHIEHT,
SONDERN AUF
VORSTELLUNGEN IN
IHREM KOPF

Zur Lage

Gott spielt in der Psychotherapie immer noch keine Rolle

Jede Neurose ist letztlich ein Leiden an Gott. Diese Erkenntnis C. G. Jungs mag verwundern oder ärgern. Nach 20 Jahren therapeutischer Tätigkeit sehe ich sie bestätigt. Das muß nicht heißen, daß jeder neurotisch wird, der an seinem Gott leidet. Die Hinwendung vieler Menschen zu Ärzten und Psychologen, die den spirituellen (nicht den konfessionellen) Aspekt aufgreifen, sollte uns die Augen öffnen. Der Mensch ist eben »hoffnungslos religiös« (Nietzsche), und eine noch so ausgefeilte therapeutische Technik vermag die notwendige Auseinandersetzung des Patienten mit seinem Gott nicht zu ersetzen. Oft genug hinterläßt diese schmerzliche Auseinandersetzung eine Leere, wenn die richtige Zusammensetzung danach ausbleibt. Therapie darf nicht nur nehmen; sie muß auch geben. Das wird besonders bei Suchtkranken deutlich, die wohl auch deshalb rückfällig werden, weil man ihnen das Suchtmittel genommen, dafür aber nichts Besseres angeboten hat. Das Leiden an Gott ist vorwiegend ein Leiden am falschen Gottesbild. Ich denke, daß auch Gott am Menschen leidet, wenn dieser ihn ablehnt oder sich mit selbstgemachten Götzen abquält, die er für die wahren Götter hält.
Ich wage den Versuch, aus der Praxis für die Praxis zu schreiben und dabei jene Erfahrungen zu vermitteln, die in der uni-

versitären Ausbildung zu kurz kommen. Dieses Buch ist geschrieben für Betroffene und für jene, die unmittelbar mit dem hilfesuchenden Menschen zu tun haben und die auf eine biblisch orientierte, also christliche Leib- und Seelsorge Wert legen.

Die meisten ärztlichen und psychologischen Praxen lassen immer noch eine wesentliche Bedingung zur umfassenden Heilung des Menschen außer acht, nämlich die Versöhnung in ihrem gesamten Komplex: die Versöhnung mit sich, mit den Menschen und mit Gott. Es wird eher zu stark auf Selbstverwirklichung und auf Ausleben, zunehmend auf Selbstbefreiung und Selbsterlösung geachtet. Wer die spirituelle Dimension unberücksichtigt läßt, wird niemals eine Kernheilung erreichen. Ich bestätige die Erfahrung von C.G. Jung, daß jeder Mensch früher oder später mit seinen religiösen Fragen und Ängsten kommen wird; er wird dabei leider allzu oft alleingelassen oder fehlinterpretiert. Zwar kann die Ausbildung in der medizinischen und psychologischen Wissenschaft gut genannt werden, aber niemand lehrt die Studenten, die wirklichen Lebensprobleme zu sehen und in der Therapie zum Thema zu machen.

In den 20 Jahren meiner therapeutischen Praxis hat nur ein Patient die Bitte ausgesprochen, »den lieben Gott rauszuhalten«. Und ausgerechnet dieser Gott war sein Problem. Alle anderen waren dankbar dafür, daß »endlich mal ein Psychologe das Gottesbild anspricht«, wie es ein 26jähriger Student formulierte.

Fest steht, daß ein Großteil der kranken und gekränkten Menschen massive Schwierigkeiten mit seinem Gottesbild hat, unversöhnliche Verhaltens- und Denkmuster aufweist, mit seinen Schuldgefühlen nicht zurechtkommt. Diese Bereiche werden aber in der medizinischen wie psychologischen

8

Gesprächsführung immer noch ausgeklammert. Dr. Walther Lechler, einer der ersten biblisch orientierten Ärzte in Deutschland, wies bei einer Fortbildungsveranstaltung im Freisinger Vinzenz-Pallotti-Haus auf diesen Notstand hin. Er meinte, so mancher Patient könne nach einer Arztvisite sagen: »Brot habe ich erbeten, Steine habt ihr mir gegeben!« Wobei unter Steinen die kristalline Form der Tabletten zu verstehen sei. Doch immer mehr Ärzte und auch Psychologen öffnen sich diesem wichtigen Bereich der Spiritualität, und zwar im christlichen Sinn. Inzwischen tauchen auch in meiner Praxis wieder Menschen auf, die auf dem Umweg der außerchristlichen Religionen und esoterischen Kleingruppen den Weg zu ihrer ursprünglichen christlichen Heimat einschlagen, weil sie wissen, daß dort alle Bedingungen zur Heilung gegeben sind. Man muß nur über die Fehlleistungen und die von Angst und Gesetzlichkeit geprägten Verhaltensmuster kirchlicher Vertreter großzügig hinwegsehen können.

Der Ruf nach ganzheitlicher Medizin ist laut geworden. Zu Recht. Wenn wir aber den Menschen nur oberflächlich betrachten und behandeln, wird er sein Heil oder das, was er dafür hält, in den esoterischen Randgruppen und bei fragwürdigen Gurus suchen. Therapie im umfassenden Wortsinn bedeutet nicht allein »heilen«, sondern auch »pflegen«, »nahe sein« und »*anbeten*«. Weil aber die herkömmliche, auf rein humanistischer Ebene steckengebliebene Therapie den Kern des Menschen nicht erreicht, werden viele Menschen nicht kerngesund, sie werden allenfalls an der Schale repariert. Eine symptomorientierte Heilung mag manchem genügen. Und wer nicht bereit ist, an sich zu arbeiten, wird eine Therapie, die zum Loslassen falscher Lebensweisen und zum Annehmen schmerzlicher Erkenntnisse auffordert, ohnedies nicht machen. Ohne Bereitwilligkeit und Einsicht kommt keine Heilung zustande.

Die Erfahrung zeigt, daß eine biblisch ausgerichtete Hilfe in den meisten Fällen an den neuralgischen Punkt rührt und auch die Notwendigkeit einer neuen Hinwendung zu Gott bewußt macht. Ob dann der Betreffende diesen befreienden Schritt auch tut, bleibt dahingestellt. Nicht wenige haben Angst vor diesem Schritt, weil sie unzumutbare Konsequenzen befürchten. Hier bedarf es einer einfühlsamen, kompetenten Aufklärung. Ich erlebe in meinen Sitzungen immer wieder die aufatmende Reaktion: »Was Sie da sagen, ist ja unglaublich befreiend. Warum hat mir das bislang noch keiner gesagt?« Psychoanalytiker werden sich gegen eine solche religiös ausgerichtete Therapie heftig wehren. Zum Grundprinzip der Psychoanalyse gehört die moralische Neutralität. In Wahrheit aber wird jeder erfahrene Therapeut auch seine eigenen Überzeugungen einbringen und von seinem wissenschaftlichen Thron heruntersteigen, um wieder menschlich zu werden. Weil der Schweizer Analytiker und Arzt Paul Tournier dies tat, wurde er von vielen Fachkollegen angegriffen, von seinen Patienten geliebt. Seine Erfolge sprechen für ihn.

Die Heilung besteht nicht immer in der physischen Gesundheit, sondern oft im Erkennen und im Aushalten des Leidens; manchmal muß die Spannung bis zum äußersten gehen, ehe einer bereit ist, das Allerpersönlichste preiszugeben.

Es verwundert nicht, daß Kliniken, die bewußt christliche Werte vermitteln wollen (ohne sie überzustülpen), größere Heilungserfolge haben. Kaum eine Therapie bei Drogensüchtigen weist so gute Erfolge auf wie das 12-Schritte-Programm der Anonymen Alkoholiker, die ihr Augenmerk auch auf die spirituellen Werte legen. In den herkömmlichen Entzugskliniken beträgt die Rückfallquote 80 Prozent, bei den christlichen Teen-Challenge-Zentren maximal 20 Prozent. Sehr eindrucksvoll wird diese Therapieform in einem Videofilm von Hans Schotte gezeigt, der auf der Fazenda da Esperanza in Brasilien Drogenabhängige, HIV-infizierte Männer und Frauen, Strafgefangene und Alkoholiker von ihren Erfahrungen sprechen läßt. Das Evangelium ist Grundlage der Therapie. (»Rückkehr ins Leben«, Bezug durch H. Schotte, D-86316 Friedberg-Ottmaring, Eichenstr. 14)

Der Totalanspruch und die Ideologie der Machbarkeit von Gesundheit bergen die Gefahr in sich, überhöhte Heilungserwartungen im Patienten zu wecken. Heilung kann nicht allein als Fehlen von Krankheit verstanden werden; sie ist mehr. Sie ist auch die Fähigkeit zur Annahme von Leid und Ohnmacht, und schließlich ist sie die Möglichkeit einer neuen Sinnfindung und Gottesbeziehung.

Gerade der christliche Glaube geht über die physische Heilung hinaus. »Der Glaube an ein Letztes macht alles in dieser Welt zum Vorletzten«, schreibt Michael Nüchtern in seiner Informationsschrift über Heilung. (Info-Text Nr. 116 der Evangelischen Zentralstelle für Weltanschauungsfragen in Stuttgart.) Therapie ist nicht alles. Die Liebe und Macht Gottes bewahren uns vor Totalansprüchen. Keine Technik und kein Heiler kann über das Gelingen des Lebens verfügen. Deshalb sind wir auf den Segen Gottes angewiesen, auf das Gebet, das zur christlichen Seel- und Leibsorge wesentlich gehört.

Was heißt »ganzheitlich«?

Die heutige Medizin hegt einen Versorgungsanspruch, dem sie nicht gewachsen ist. Sie übt Macht aus und klagt seit Jahren auch den psychologischen Bereich für sich ein, obgleich sie auf Grund ihrer Ausbildung und vornehmlich empirischen Ausrichtung dafür wenig kompetent ist. Diesem Totalanspruch steht die Totalerwartung des Patienten gegenüber. Die Folgen sind überhöhte Gesundheitskosten, zunehmende Frustrationen und sogenannte iatrogene (durch ärztliche Behandlung bedingte) Neurosen. Die medizinische Denkweise hat sich derart auf Zahlen und Befunde, auf Apparate und Laborergebnisse konzentriert, daß man glauben möchte, die Verfügung über physikalische Daten sei zugleich die Beherrschung der Krankheit. Auch die übertriebene Testpsychologie muß sich diese Kritik gefallen lassen. Der Befund interessiert mehr als das Befinden; die »Leberzirrhose auf Zimmer 120« ist wichtiger als der Patient. Illich spricht von der »Enteignung der Gesundheit«, wenn der Patient selber mehr auf den Befund achtet und seinen eigenen Einfluß auf seine Gesundheit/Krankheit unterschätzt. Er ist nicht nur Opfer einer möglichen Virusinfektion; er ist auch Opfer der »Priester in Weiß«. Ich möchte nicht in Bausch und Bogen unsere Ärzteschaft an den Pranger stellen; wir brauchen sie. Und zunehmend dämmert auch ihr die Notwendigkeit eines Umdenkens: Die ersten christlich ausgerichteten Mediziner und Psychologen sind auf dem Vormarsch; viele leiden unter ihrer einseitigen Ausbildung und sind froh, wenn sie wenigstens mit Seelsorgern kooperieren können.

Ganzheit bedeutet demnach nicht ein quantitatives Mehr an therapeutischen Verfahren oder ein Ausschöpfen aller verfügbaren alternativen Heilmethoden, sondern eine relativ breite oder tiefe Betrachtung von Leib, Seele, Gemüt, Verstand und Wille das nach Heilung und Heil suchenden Menschen. Gesundheit ist nicht das höchste Gut auf Erden! Das höchste Gut liegt in dem, was alle Religionen lehren: im geistlichen Heil.

Jene krebskranke Frau, die zu mir kam, um sich mit Gott auszusöhnen, bevor sie starb, fand keine körperliche Heilung, aber das Heil.

Der Mensch kann nie ganz und total erkannt und behandelt werden. Weil er aber maßlos geworden ist, wurde er anfällig für Geschäftemacher und falsche Heiler. Wo Schönheit, Potenz, Leistung, Einfluß und Image vorrangig sind, finden sich rasch Trittbrettfahrer der Medizin, die den Anspruch des ewig Machbaren verstärken. Was mit Chemie nicht geht, geht vielleicht mit Tarot oder Magie. Und wenn es viel kostet, muß es ja helfen.

Das ist quantitative Ganzheitlichkeit. Allein Gott vermag »ganz und alles« zu heilen. Ich habe es mit Menschen zu tun, die in der Regel überhöhte Erwartungen mitbringen. Das macht mir Angst. Ich muß ihnen meine begrenzte Kompetenz darlegen und ihre Illusionen zerstören. Manchmal muß ich ihren Blick auf andere Ebenen der Heilung lenken. Dann geht es nicht mehr nur um eine »glückliche Ehe«, sondern um die Kunst des fairen Streitens, nicht mehr um Verlängerung des Lebens, sondern um die Annahme des Sterbens. Das Christentum ist immerhin die einzige Religion mit einem leidenden Gott. Alle Religionen haben Gott auf eine möglichst liebenswürdige und erhabene Weise darstellen wollen. Doch das Christentum stürzte alles um; denn es zeigt uns einen leidenden Gott, der mit jedem Kranken mitleidet. Während die falschen Messiasse das Glück auf Erden versprechen, stellt Jesus das Kreuz in Aussicht.

Vor mir liegt ein achtseitiger Werbeprospekt des Schweizer Hellsehers Hanussen, in dem er auch die »totale Erfüllung aller Wünsche« und »hundertprozentiges Glück« dem verspricht, der seiner Gemeinschaft beitritt und einen teuren Talisman samt Wunschkästchen kauft. Es ist widerlich, wie er sich hier als Gott aufspielt, und erschreckend, wie viele Leute darauf hereinfallen. Das Deckblatt druckt den kreuzförmigen Talisman mit einem Drachen ab; auf der Rückseite ist Hanussen in Gebetshaltung abgebildet. So erweckt er bei naiven Menschen einen frommen, christlichen Eindruck. Die falschen Propheten haben Hochkonjunktur.

Wir haben zur Zeit eine gottlose Religionsfreundlichkeit, d. h. einen Hang zur eklektischen Religiosität ohne personalen Gott, einen Trend zur pseudomystischen Selbsterlösung, in der die Reinkarnation nicht das östliche Karussell, sondern die abendländische Wendeltreppe zur Aufwärtsentwicklung darstellt. Entsprechend sieht natürlich das Gottesbild aus. Ich komme darauf noch zu sprechen.

Wie wird man neurotisch?

Das Wort »neurotisch« bedeutet »nervlich« und trifft damit, wie das bei vielen diagnostischen Begriffen in der Psychiatrie und Psychologie ist, nicht den Kern. Denn gemeint ist nicht eine nervliche Erkrankung, sondern eine seelische oder besser: eine Störung im innerseelischen und sozialen Verhalten. Wer überangepaßt oder fehlangepaßt ist, also eine andauernde und nicht einmalige Verhaltensauffälligkeit zeigt, ist neurotisch. Das ist natürlich eine sehr pauschale und wenig brauchbare Diagnose mit abwertendem Charakter.

Es ist daher vonnöten, diesen auffälligen Teil im Gesamtverhalten des Menschen genauer zu beobachten und zu beschreiben. Das tut die Psychologie. Aufgabe der Psychotherapie ist es darüber hinaus, jenes Verhalten zu verändern; dazu bedient sie sich verschiedener Methoden, die allesamt aber nur greifen, wenn der neurotische Mensch dazu bereit ist. Aber auch dann greifen diese Methoden nicht immer.

Die Entstehung neurotischen Verhaltens läßt sich vereinfacht so erklären: Ein Kind zeigt natürliche Bedürfnisse und Triebe; es will z. B. auf den Arm genommen, gestreichelt und beachtet werden. Es will in jeder Beziehung in seinen Bedürfnissen gestillt, also zufriedengestellt werden. Wenn diese elementaren Wünsche nicht oder nur sehr oberflächlich befriedigt werden, entsteht Frustration. Auf Dauer wächst Angst vor Ablehnung. Auch eine Überfürsorge durch zu ängstliche und unsichere Erzieher führt auf Dauer zu Ängsten. Sowohl ein dauerhaftes Zuwenig als auch ein Zuviel an Zuwendung können Ursache ängstlicher Lebensgefühle sein, die im weiteren Lebensverlauf Abwehrmechanismen erzeugen. Ob dann ein Mensch depressive, aggressive, zwanghafte, hysterische oder andere Formen neurotischen Verhaltens zeigt, entscheiden mehrere Faktoren, z. B. entsprechende Vorbilder in der Familie, vererbte Dispositionen, Erfahrungen im Umgang mit den Erziehern.

Wer also Angst hat, wird rasch lernen, sie als unerwünscht zu verdrängen. Auch Schuld, Zorn und andere Empfindungen können als unerwünscht empfunden und dann mittels bewußter und unbewußter Verhaltenstricks abgewehrt werden.

So ist der eine geradezu ein Künstler im Verstecken seiner Ängste, indem er den Starken und überaus Mutigen spielt, anderen Angst machen will und als aggressiv empfunden wird. Ein anderer traut sich nicht, eigene Entscheidungen zu fällen, sein Leben in eigener Verantwortung in die Hand zu nehmen, weil er es nie durfte. Seine Eltern haben ihm stets die Steine aus dem Weg geräumt oder ihm zu verstehen gegeben, daß er gar nichts, aber auch gar nichts kann. Er wird sich an starke Menschen anlehnen, vielleicht eine Frau heiraten, die ihm zugleich Mutter und Vater sein soll. Natürlich wird diese Ehe eine Belastung werden. Jemand, der zu wenig beachtet wurde, stets die Aschenputtel-Rolle spielen mußte, sich auch nicht dagegen wehren konnte, wird später möglicherweise eine überfürsorgliche Haltung einnehmen, mit der er Beachtung und Bewunderung ernten kann. Andere können nicht einmal mehr das; sie werden depressiv und verkümmern wie eine Pflanze, die keinen Sonnenschein sah und kein Wasser erhielt.

Aggressive, querulatorische und eigenbrötlerische Menschen, aber auch sehr kreative und originelle Typen sind eher unangepaßte Menschen, während die Zwanghaften, Pedantischen, die Depressiven und übertrieben Frommen zur Überanpassung neigen, also nicht auffallen wollen, nichts riskieren und falsch machen wollen. Man erkennt unschwer, daß es hauptsächlich Gewissenskonflikte sind, die zur Neurose führen können.

So betrachtet, hat wohl fast jeder Mensch einen neurotischen Anteil. Er muß nicht immer aus frühen Kindheitstagen stammen. Es gibt auch später noch Umstände, die einen sensiblen Menschen (zer)stören können (sogenannte Aktualneurosen). Es kommt nur darauf an, wie er gelernt hat, mit Konflikten umzugehen. Und jetzt in der Seelsorge muß er lernen, seine verpaßten Chancen und nicht mehr gänzlich einzuholenden Versäumnisse auszuhalten. Unsere Welt ist zwar hominisiert, wie Heinz Zahrnt in seinem Buch »Gotteswende« schreibt, aber nicht humanisiert, d. h. »sie ist infolge der Säkularisierung zwar aus einer Welt Gottes zu einer Welt des Menschen geworden, damit aber nicht auch schon zu einer menschlichen Welt.« (S. 35)

Der gesunde Mensch ist relativ stabil, kann sich den Problemen des Lebens stellen, scheut sich nicht vor notwendigen Auseinandersetzungen. Als Christ sollte er also konfliktfähig sein, d. h. bei Nichtbefriedigung seiner Wünsche und Pläne nicht einschnappen, schmollen oder in zerstörerische Ersatzbefriedigungen flüchten. Tut er das, dann regrediert er, d. h. er fällt in infantile Reaktionen zurück, weil er von den Mitmenschen oder von Gott die Erfüllung seiner Wünsche erpressen will.

Es hängt also auch vom Gottesbild ab, wie einer auf Frustrationen reagiert. Vielfach stellen sich jetzt auch noch Schuldgefühle ein; statt sie zu bekennen, seinen Schatten also anzunehmen, versuchen viele Christen ihre Schuldgefühle zu verdrängen, indem sie sie z. B. wegbeten oder durch fromme Leistungen, Opfer, Versprechen und anderes kompensieren wollen. Doch Gott will keine Opfer (Ps 51); er will Vertrauen und bietet Versöhnung an. Das Problem ist, daß zu viele Christen nicht genügend Vertrauen haben und statt dessen lieber Leistungen bringen wollen. Denn einmalige fromme Versprechungen zu machen ist einfacher, als ein Leben lang Gott die Treue zu halten. Sie kompensieren ihren Mangel an Vertrauen mit einem Zuviel an frommen Leistungen.

Auf die unterschiedlichen religiösen Fehlverhaltensweisen komme ich an anderer Stelle noch zu sprechen. Das persönliche Verhältnis zu Gott, die gesamte religiöse Einstellung des Menschen ist untrennbar mit seiner Art verbunden, wie er an Lebenskonflikte herantritt und Frustrationen verarbeitet. Darum stelle ich im Verlauf der Anamnese regelmäßig auch die Frage nach dem Gottesbild.

Natürlich bedeutet Christsein nicht Freisein von Neurose. Ich glaube sogar, daß Gott solche Unausgereiftheiten benutzt, um den Menschen zu formen.

Die Neurose ist kein Hindernis auf dem Weg zur Heiligkeit. Sie kann sogar manchmal die Bedingung dazu sein, nämlich dann, wenn sie zur demütigen Annahme führt, zum Bewußtsein der totalen Ohnmacht angesichts eines Gottes, der sich auf Erden machtlos verhielt. Therese von Lisieux litt bis zum Tod an einer geistlichen Dunkelheit, die sehr verwandt sein kann mit depressiven Zuständen. Heinrich Seuse, Johannes Tauler, Caterina von Siena, Paul vom Kreuz – sie alle durchlebten Zeiten äußerster Gottverlassenheit. Die hl. Monika, Mutter des hl. Augustinus, war eine Zeitlang dem Alkohol zugeneigt; der Prophet Jeremia wurde von schrecklichen Ängsten gepeinigt, und der hl. Pfarrer von Ars war ein schüchterner, intellektuell unbegabter Mann.

Trotz Gebet und trotz aller Bemühungen um Heilung bleiben viele Menschen krank. Und Gott mutet ihnen das alles zu. Das erweckt den Eindruck, als ob er die Gebete nicht hörte. Manche sind ihm nun gram und wenden sich von ihm ab, indem sie ein Leben gegen alle Moral führen. Damit wollen sie ihren Gott »bestrafen« und gleichzeitig sich und anderen den Beweis liefern, daß das Leben »ohne Gott« offenbar recht gut zu gestalten ist.

Das ist auch nie bezweifelt worden. Nur gleicht dieses Trotzverhalten einem Schuß nach hinten. Ihnen muß klargemacht werden, daß Gott den Menschen nie losläßt, daß er immer an ihm Interesse hat, egal wie hoch dessen Schuldenstand ist. Und daß Leid den Menschen läutern kann.

Ich halte die generelle Ausklammerung dieser geistlichen Dimension in einer Beratung oder Therapie für unverantwortlich. Eine solche Beratung wäre amputiert.

Das darf nicht heißen, daß der Seelsorger mit der Tür ins Haus fallen oder überstürzt bekehren soll. Denn »alles hat seine Stunde«. Eine fordernde Haltung oder ein voreiliges Umkehren hieße, dem Schwachen einen Schlag zu versetzen, wie Paulus in 1 Kor 8,11 schreibt.

Nun kann ein Arzt oder Psychologe die Meinung vertreten, daß die spirituelle Seite der Beratung oder Therapie Angelegenheit des Pfarrers sei. Das ist sein gutes Recht. Er sollte aber auch wissen, daß er mit dem Abgeben dieses Bereiches Chancen vertut und einmal mehr »fachspezifisch« vorgeht, d. h. die eigentliche Wunde unter Umständen außer acht läßt. Daß sich ein Arzt möglichst wenig um die spirituelle Dimension seiner Patienten kümmert, hat nicht allein mit der vermeintlichen »Wissenschaftlichkeit« und »Neutralität« zu tun, sondern auch mit der seit Jahrhunderten praktizierten Arbeitsteilung zwischen Kirche und Medizin. Nun funktioniert sie nicht mehr. Beide, Seelsorger und Ärzte, sind überfordert. Daran ist nicht allein die einseitige, rationalistische Ausbildung schuld.

Es ist der religiösen Erziehung zuzuschreiben, daß falsche, übertriebene Schuldgefühle erzeugt und ein bedrohliches Gottesbild aufgebaut wurden. Jetzt scheint das Pendel in die andere extreme Richtung auszuschlagen: Erlaubt ist, was frei macht, und Gott ist keine allmächtige Person mehr, die über mir herrscht. Jeder muß seinen Gott in sich selbst finden; wahr ist, was der einzelne für sich erfährt. Dieser Subjektivismus stellt die persönliche Gotteserfahrung in den Vordergrund und reduziert Gott auf eine emotionale, mittels Meditationstechniken erfahrbare Größe.

Der Christ der Zukunft muß ein Mystiker sein, wie Karl Rahner sagt. Und er wird sein Heil nicht in neomythischen Randzonen suchen müssen, wenn ihm die ureigene christliche Mystik aufgeschlossen wird. Eine Gottesbegegnung, die in allem den persönlichen Erwartungen entspricht, die sozusagen abrufbar ist und subjektive Vorstellungen bestätigt, ist wohl nur das Resultat von Suggestionen. Der wahre Gott ist anders; oft genug steht er meinen persönlichen Wünschen entgegen. Das macht vielen Christen Angst. »Ich will mich nicht zu sehr auf Gott einlassen, wer weiß, was dann mit mir geschieht«, sagte mir ein junger Mann, der wegen familiärer Auseinandersetzungen zu mir kam. Er war übrigens ein genialer Verdränger seiner Aggressionen. Niemand hätte sie in ihm vermutet, da er sich außer Haus auf Grund seiner gleichbleibenden Freundlichkeit und Aufopferungsbereitschaft großer Beliebtheit erfreute.

Vom Sinn der Neurose

Im Zustand einer lästigen Erkrankung und einer großen Pein stellt der Mensch die Frage nach dem Sinn. Derjenige, der unter einem falschen Gottesbild leidet, wittert hinter seinem Leid eine Strafe des Himmels und sucht verzweifelt nach den Gründen, die eine derartige Strafe erklären könnten. Zweifellos kann man da fündig werden. Der Ärger über Gott folgt spätestens dann, wenn der Betreffende gesunde und wohllebende Mitmenschen antrifft, die ein sichtlich gottfernes Leben führen. Doch Gott ist gerecht; mehr noch: Er ist barmherzig. Wenn nun aber Krankheit und Leid keine Bestrafungen für Sünden sind, die auch nicht im Sinn des Karma-Gesetzes abgetragen werden müssen, was sollen sie dann bedeuten?
Ich wage zu behaupten, daß es keine sinnlose Störung, keine bedeutungslose Neurose gibt. Jeder Konflikt, jedes Hindernis, jede Krankheit ist ein Versuch der Natur, den Betreffen-

den zu heilen. Nur durch Leiderfahrung kommt der Mensch zum Ziel.

Die Schwierigkeit besteht meist darin, daß wir nicht gelernt haben, die Sinnhaftigkeit einer Krise oder einer Neurose und Psychose zu erkennen. Wir haben den Bezug zur Natürlichkeit verloren, sind von der Spiritualität in die Funktionalität abgeglitten, von der Intuition in die Suggestion.

Da leidet einer an einer Depression und hegt Suizidgedanken. Seine intuitiv richtigen Empfindungen wie Wut, Angst und Schuld wurden ihm durch Suggestionen wie »reiß dich zusammen, beherrsch dich!« oder »du darfst nicht wütend sein, du darfst nicht schuldig werden!« usw. verboten. So hat er gelernt, diese elementaren Gefühle zu verdrängen. In der Depression richtet er die bedrohliche Kraft der Aggression gegen sich selbst, um nicht an anderen zum Mörder oder zum Sadisten zu werden. Besser ist es, sich selbst zu bestrafen und dadurch den Himmel zu verdienen.

Ein anderer hat Angst vor dem Altwerden und verharrt in einer jugendlichen Haltung, die sich im Reden, im Agieren, selbst in der Kleidung bis zur Lächerlichkeit manifestiert. Was ursprünglich ein normales Ziel war, nämlich in Ehren zu ergrauen, pervertierte nicht zuletzt infolge der Überbetonung des Jugendlichen zu einem künstlichen Stillstand in der psychosozialen und seelischen Entwicklung.

Ein junges Mädchen pflegte bei häuslichen und schulischen Auseinandersetzungen regelmäßig in Ohnmacht zu fallen, was natürlich Angst und Sorge bei den Angehörigen auslöste, so daß diese alle Probleme aus der Welt zu schaffen bemüht waren. Genau das wollte das Mädchen. Weil sie den Lebenskonflikten nicht »standhalten« konnte oder wollte, fiel sie einfach um. Ihre Ohnmachtsanfälle waren nicht vorgetäuscht; sie waren echt, aber von hysterischer Art.

Jede dieser neurotischen Formen hat einen tiefen Sinn. Aber auch rein körperliche Erkrankungen sind Versuche der Natur, sich gegen etwas zu wehren. Gott läßt sie zu, weil sie zur Menschwerdung gehören, d. h. zur persönlichen Reifung und Gesundung. Manches Leid, wie etwa ein angeborener Defekt oder eine erworbene Behinderung, ist schwerlich einzuordnen; es läßt sich nur durch Ertragen überwinden.

Schauen wir uns einen von vielen religiösen Neurotikern an: Nach außen hin erscheint er fromm und leistungsbetont. Das wäre an sich noch nicht schlimm, wenn er es nicht übertreiben würde. Er tut Frommes, rennt zu sämtlichen religiösen Seminaren, organisiert hier und da, ist allüberall und unentbehrlich. Und dennoch: Er ist letztlich gar nicht fromm. Er tut Frommes, um seinen Mangel an Frömmigkeit, an Vertrauen zu kompensieren. Er schreitet von Seminar zu Seminar geographisch fort, bleibt aber geistlich stehen. Das muß nicht sein, kann aber so sein.

Wer ein Warum zu leben hat, erträgt fast jedes Wie, sagte einmal Nietzsche. Es ist erstaunlich, was ein Mensch alles ertragen kann, wenn er weiß, wozu es gut ist. Und dennoch wehrt er sich, auch wenn er weiß, daß er in und mit seiner (unheilbaren) Krankheit Gott dienen kann. So wird immer wieder der Versuch unternommen, in eigener Regie eine Erlösung herbeizuzaubern, den Gottheiten ihren Tribut zu zollen, die Geister zu beschwören, sich dem Teufel zu verschreiben, wenn es nur der Befriedigung eigener Wünsche dient.

Das Problem der Heilung bleibt ein religiöses Problem, schreibt C. G. Jung. Es geht um Annahme und Loslassen, um Schuld und Versöhnung. Psychologisch mag es um die Annahme der eigenen Schatten und um die Befähigung zum Altwerden gehen; biblisch ist eine Heilung erst vollzogen, wenn der Mensch mit seinen Schatten vor seinen Schöpfer tritt und ihn anbetet, d. h. sich ihm ausliefert, ihm vertraut, ihn lieben lernt. Durch das Kreuz Jesu wird jeder Leidende aus seiner Einsamkeit genommen und mit der Botschaft beschenkt, daß sein Leiden letztlich der ganzen Welt zugute kommt.

Eine 20jährige spastisch gelähmte Frau rang ihr Leben lang mit Gott; sie wollte wissen, wozu ihr Leben gut sei: von den Eltern abgelehnt, ins Heim abgeschoben, zu nichts nütze. Im Ringen mit ihrem Gott erfährt sie bei einem Einkehrtag plötzlich den Sinn ihres Lebens. Sie sagt: »Jetzt weiß ich, daß ich von Gott gebraucht werde als Zeichen seiner Ohnmacht in dieser Welt, die nur Macht haben will. Ich bin nicht gestraft, nicht unbedeutend, nicht ungeliebt. Ich darf sein Werkzeug sein. Jetzt kann ich meine Behinderung annehmen.«

Die psychotherapeutische Methode

Ich werde oft gefragt, nach welcher »Schule« ich vorgehe bzw. welche Methoden ich anwende. Darauf pflege ich zu antworten: »Ich orientiere mich an den biblischen Grundsätzen und behandle nach den Methoden, die im jeweiligen Fall gefordert sind.« Mit anderen Worten: Bei Frau A. wende ich Methode A., bei Herrn B. die Methode B. an. Die Persönlichkeit des Kranken sowie dessen Alter, Geschlecht, Vorgeschichte und aktuelle Problematik bestimmen die Vorgehensweise. Inzwischen bin ich als Christ bekannt und auch als solcher gefragt; die Leute suchen eine biblische Therapie, weil sie ahnen oder wissen, daß dies für sie die beste Hilfe zur Kernheilung ist.

Jeder Psychotherapeut und Seelsorger kennt gewiß verschiedene Methoden und Kunstgriffe im Umgang mit den anstehenden Problemen; doch letztlich ist er selber Methode. Ich empfehle jedem Studenten der Psychologie, sich möglichst viele Theorien und therapeutische Interventionstechniken anzuschauen, um sie dann kritisch nach dem dahinter verborgenen Menschenbild zu befragen und – je nachdem – wieder zu vergessen, denn der Mut zur Originalität, d. h. das Hinhören auf die eigene Intuition wird ihm in der Praxis bessere Dienste erweisen. Es ist für mich selbstverständlich, daß ich vor jeder Therapiesitzung um die Gabe des Heiligen Geistes bitte, die jedem zugesagt wird, der ernsthaft und gläubig darum fleht.

Mitunter ist es zum Verzweifeln, daß es in der Seelsorge keine allgemein gültigen Rezepte gibt. Was dem einen hilft, muß dem anderen keineswegs helfen. Ich erinnere mich an einen jungen Matrosen, der zu mir kam, um Hilfe zu finden in seinen Verdammungsängsten. Er hatte sich vor etlichen Jahren auf seine Unterarme einen Drachen und einen Panther tätowieren lassen. Plötzlich liest er in einem frommen Buch, daß alle diejenigen verdammt seien, die die Zeichen des Dämons tragen, den Panther und den Drachen. Das war der Auslöser für seine Verdammungsängste. Alle von ihm ausprobierten psychologischen Methoden blieben erfolglos. Eine dreimonatige Gruppentherapie war ebenso teuer wie unwirksam; eine darauffolgende Gesprächspsychotherapie vermochte nichts auszurichten; die parallel verlaufende Verabreichung von Psychopharmaka lehnte er nach geraumer Zeit wegen der lästigen Nebenwirkungen ab. Mir wurde rasch klar, daß man hier mit rationalen Argumenten nichts ausrichten konnte; jetzt mußte ich etwas »Unwissenschaftliches« riskieren.

Ich wagte ein Experiment und wies darauf hin, daß Kaiser Konstantin in der Nacht vor seinem Kampf an der Milvischen Brücke einen Traum hatte, in dem das Zeichen des Kreuzes erschien und eine Stimme rief: »In diesem Zeichen wirst du siegen.« Mit eindringlicher Stimme forderte ich den jungen Mann auf, sich über beide Tiere ein Kreuz tätowieren zu lassen; dann dürfe er sich der Befreiung von seinen Ängsten gewiß sein. Gott sei stärker als jede dämonische Macht. Das Experiment glückte, wenngleich der Matrose auch weiterhin in einer gewissen psychotischen Glaubenshaltung blieb. Aber wir waren beide mit diesem Ergebnis vorläufig zufrieden.

Meine Erfahrung hat mich gelehrt, mich weitgehend von den gelernten »Techniken« zu lösen und neue Schritte zu wagen. Natürlich sollte ein ungefähres, nicht zu sicheres Ziel vorgegeben sein, auch eine Theorie. Und oft genug muß der Therapeut den Mut haben, Ziele, Theorien und Vorgehensweisen zu verändern. Mir bleibt es ein Rätsel, warum so viele Kolleginnen und Kollegen nichts anderes tun als Gesprächspsychotherapie, völlig unabhängig vom neurotischen Krankheitsbild. Eine Agoraphobie (Platzangst) läßt sich kaum heilen, indem man ständig darüber spricht. Ebenso verstehe ich nicht, wie jemand mit einer Psychoanalyse im Freudschen Stil eine existentielle Sinnkrise beheben will. Und der Versuch der Reinkarnationstherapeuten, Leid als Folge eines früheren, schuldhaften Lebens zu erklären, wird zwangsläufig scheitern müssen, da er die Heilung aus eigenen Kräften sucht und gar kein Identitätsgefühl früheren Lebens vermitteln kann. Jeder Seelsorger, Arzt oder Helfer muß damit rechnen, daß er bewußt oder unbewußt getäuscht wird, nicht nur von seinen Patienten, sondern auch von sich selbst. Wer an bestimmten Methoden und Theorien festhält, kann rasch zum Opfer seiner eigenen Lehre werden. Wie oft habe ich mich getäuscht und mußte durch Versuch und Irrtum feststellen, daß ein beachtlicher Teil des an den Universitäten Erlernten im Einzelfall dem Menschen nicht gerecht wurde, daß ich von vorne anfangen und mich auf meine Instinkte verlassen mußte.

Als eine Frau mit massiven Kontrollzwängen zu mir kam, mußte ich angesichts der vorangegangenen unzähligen erfolglosen Therapien ganz andere Wege einschlagen. Ich entschloß mich, alle gelernten Methoden beiseite zu lassen, und machte einzig und allein das zum Thema, was ihrer Neurose zugrunde lag, nämlich das fehlende Vertrauen, wobei ich von Anfang an auf ihr Verhältnis zu Gott zu sprechen kam. Und genau da lag das Defizit.

Meine Anweisung lautete schließlich: »Sobald Sie wieder einen Zwangsimpuls zum Nachschauen haben, sagen Sie halblaut vor sich hin: Gott, ich schaue jetzt nicht nach. Du wirst dafür sorgen, daß nichts passiert. Ob die Tür geschlossen ist oder nicht, ob das Licht aus ist oder nicht, spielt jetzt keine Rolle. Denn du bist da. Dir vertraue ich jetzt blind. Ja, ich darf auch Angst haben; dennoch schaue ich nicht nach. Du sorgst für mich. Danke.«

Nach zwei Wochen reduzierten sich die Kontrollimpulse auf die Hälfte, dabei blieb es. Das fehlende Vertrauen kann nicht mit wenigen Worten herbeigezaubert werden. Erst die folgende geistliche Begleitung, die eine Stabilisierung des Gottvertrauens, ein Loslassen verdrängter Schuldgefühle sowie die Selbstannahme zum Ziel hatte, führte zu einer weiteren Besserung, nicht aber zur Befreiung. Nun soll keiner sagen, diese Frau müsse noch mehr beten, noch fester glauben, um geheilt zu werden. Derartige Auffassungen sind biblisch falsch, wie uns schon die Krankheit des Apostels Paulus belehrt. Außerdem macht so eine starke Bemerkung Angst und führt in tiefe Schuldgefühle.

Daß meine Patientin eine Besserung erfuhr, bedeutet nicht, daß es allen Zwangsneurotikern so ergehen müßte. Es kann nicht ausgeschlossen werden, daß Stoffwechselstörungen oder hirnorganische Verletzungen der reinen Psychotherapie

Grenzen setzen. Manchmal reicht auch die Willenskraft des Patienten nicht mehr aus. Und die nicht erhörten Gebete um Heilung angesichts aller ausgeschöpften menschlichen Bemühungen bleiben immer ein Skandalon, ein Ärgernis des Glaubens, das mich jedesmal in die Fürbitte, aber auch in die Fürklage treibt.

Und dennoch: Nicht immer ist es sinnvoll, eine Heilung um jeden Preis anzustreben. Mir scheint, daß Gott manchmal den Menschen bis an seine Grenzen führen will, um ihn dann zu retten. Offenbar ist es für die Reifung notwendig, Umwege zu machen oder Grenzerfahrungen zu erleiden oder gar zu sterben. Auch Erzieher können und sollten bisweilen nicht verhindern, daß einer falsche Schritte macht, die Gott immer noch in die rechte Bahn lenken kann. »Die Stunde ist noch nicht gekommen«, wird in der Heiligen Schrift gelegentlich gesagt. Unsere Fehler sind für unsere Entwicklung notwendig, ebenso unsere Krankheiten. Es kommt darauf an, wie wir sie verstehen und zulassen. Denn erst die Freiheit, neurotisch sein zu dürfen und dennoch geliebt zu sein, ermöglicht die Schritte zur Heilung.

Nun kann ich natürlich keinen Glauben *machen*; einzig und allein die persönliche Erfahrung Gottes vermag zu heilen. Weil aber die Kirchen zu lange und zu rational über Gott sprachen und keine Wege zur mystischen Gotteserfahrung aufzeigten, ja diese eher für ketzerische oder sektiererische Einbildung hielten, wanderten viele Christen aus. Einige fanden dann in den östlichen Religionen ihre geistliche Heimat wieder. Nun dämmert langsam die Erkenntnis, daß der Christ der Zukunft ein Mystiker sein wird.

Jeder, der eine unmittelbare Gotteserfahrung macht, muß damit rechnen, daß er zum Ketzer, zum Spinner oder zum Psychotiker abgestempelt wird. Ich habe es einmal erlebt, daß jemand auf Grund einer tiefen mystischen Gottesbegegnung durchdrehte und in die geschlossene Psychiatrie eingeliefert wurde. Man verabreichte ihm hohe Dosen von Haldol und Akineton. Doch nach drei Tagen war der junge Mann völlig ruhig und heiteren Gemüts und zeigte keinerlei Spuren des vergangenen Kampfes. Was war geschehen? Er war zuvor im Rahmen geistlicher Exerzitien tief im Gebet versunken und verspürte plötzlich die deutliche, übermächtige Nähe Gottes. Daraufhin begann in ihm ein geistlicher Kampf, ähnlich dem Ringen Jakobs mit dem Engel des Herrn. Wie Jakob, so schrie auch der junge Mann laut: »Herr, segne mich, segne mich. Ich will, daß du mich segnest!« Dieser Schrei und die große Erregung des Mannes waren der Anlaß, ihn in die Klinik einzuliefern. Im Unterschied zum Verlauf wirklicher Psychosen ging er als froher, befreiter und im Glauben gewachsener Mensch hervor.

Wie schmal der Grat zwischen Religion und Wahn zu sein scheint, erfahren wir bei Mk 3,30: »Er ist von Sinnen«, sagen die Angehörigen über Jesus, und die Juden unterstellen ihm einen unreinen Geist.

Die Aufgabe der heutigen Psychotherapie besteht darin, eine Seelenführung zu übernehmen, die ursprünglich in den Händen der Priester lag, ihnen aber entrissen wurde, weil sie in der Funktionalität und im Aktionismus untergingen. Diese pastoral-psychologische Kunst überfordert bei weitem sowohl die Therapeuten als auch die Theologen, weil die Ausbildung beide nicht genügend ausrüstet. So kommt es dann, daß sie die Patienten von Pontius zu Pilatus schieben, um sie und mit ihnen das Gefühl der seelsorgerlichen Insuffizienz loszuwerden.

Es geht in der Behandlung der Patienten nicht um ein Bekehrenmüssen, sondern um die Sensibilisierung vergessener See-

lenkräfte und um die Aktivierung der im Menschen veranker-
ten religiösen Sehnsüchte. Ich erlebe es immer wieder, daß
erst das am Ende einer Sitzung frei formulierte Gebet jene
Kräfte zu wecken imstande ist, daß neue Erkenntnisse hoch-
kommen und mit ihnen heilende Energie. Die vorangegangenen psychologischen Methoden (Anamnese, Tests, Traum-
analyse, Imaginationen usw.) dürfen nicht isoliert davon
betrachtet werden.

Viele Menschen sind religiös verkümmert, was eine gewisse
Frömmigkeit nicht ausschließt. Ihr Gottesbild ist außerhalb
ihrer Seele; sie praktizieren vielleicht noch hier und da den
kläglichen Rest ihres Glaubens, aber wirklich erlöst sind sie
nicht. Die kleinste Krise vermag diesen Glauben wegzuspü-
len. Zweifel, Anklagen, Ängste und fromme Versuche, diesen
Gott »draußen« und »oben« umzustimmen, folgen regelmäßig. Es versteht sich von selbst, daß das vegetative Nervensy-
stem angesichts eines solchen fatalen Gottesbildes verrückt
spielt.

Methoden sind nützlich; sie allein bewirken aber noch keine
Heilung. Selbst das Gebet als Methode wäre erfolglos. Jeder
Umgang mit Wissen muß daher getragen werden vom Glauben. Die Trennung von Wissen und Glauben innerhalb der
bestehenden Schulmedizin halte ich für unverantwortlich, für
den Ausdruck eines schizophrenen Geisteszustandes, wie er
heute immer noch zu beobachten ist.

Abwehrmechanismen

Peinliche oder unerwünschte Gefühle und Gedanken wird
der normale Mensch als Teile seines Bewußtseins, als zum Ich
gehörende Triebimpulse akzeptieren. Er wird sich ihrer Exi-

stenz wegen noch nicht schuldig fühlen oder Ängste entwik-
keln. Im Lauf seiner Sozialisation erfährt er aber immer wieder, daß gewisse Impulse verboten sind und daher abgewehrt
werden müssen. So kann er beispielsweise seine Aggressionen
nicht beliebig ausagieren; er darf nicht einfach jedwedem
sexuellen Wunsch nachgeben oder seinem Haß freien Lauf
lassen. Je puritanischer das Milieu ist, in dem er aufwächst,
desto enger fallen die Reglementierungen und sozialen Verhaltensmuster aus. Leider hat die christliche Erziehung allzu-
lange mit übertriebenen moralischen Forderungen die Psyche
des Menschen eingeengt und ihrer natürlichen Expansion
(Originalität, Kreativität) beraubt.

Die gegenteilige Tendenz, die sich danach auszubreiten be-
gonnen hat und noch anhält, war zu erwarten: Jetzt fordern
liberale und in der Regel antikirchlich eingestellte Therapeuten ein völliges Ausleben der Triebe und merken nicht, wie sie
im Deckmantel der Selbstbefreiung die Menschen noch tiefer
in Schuldverstrickung und Orientierungslosigkeit hineinfüh-
ren.

Beide Reaktionen, die verteufelnde und die verherrlichende,
können als unterschiedliche Abwehrmechanismen betrachtet
werden, als Verdrängung die eine, als Verkehrung die andere.

Das Leben ist ohne Verdrängung nicht möglich. Wir müssen
vieles verdrängen, um uns zu schützen. Das muß nicht
zwangsläufig krank machen; die Kanalisierung dieser Kräfte
in die Erfüllung der normalen Lebenspflichten reicht für gewöhnlich aus, um die Spannung solcher Wünsche erträglich
zu halten oder gänzlich herabzusetzen. Wenn also Menschen
nicht zurechtkommen mit ihren Trieben (gemeint sind nicht
nur sexuelle), darf man sicher davon ausgehen, daß sie auch
in anderen Bereichen ihres Lebens nicht klarkommen.

Wenn einer eine Wut auf seinen Chef hat, aber nie gelernt hat, seinen Ärger in fairer und offener Weise zu artikulieren, etwa in einem Gespräch mit seinem Chef, hat er verschiedene Möglichkeiten, mit dieser Wut umzugehen. Er kann sie verdrängen, solange bis er krank wird. Er paßt sich an und spielt die Rolle eines braven, passiven Angestellten. Wie lange wird er das aushalten? Wie wird sein Organismus reagieren? Er kann aber auch überaus freundlich sein, geradezu übertrieben freundlich und sehr gefügig. Mit dieser *Verkehrung* seiner Wut ins Gegenteil spielt er die gesellschaftlich beliebteste Rolle; doch sie ist unecht und auf Dauer abstoßend. Schließlich kann er im aufrichtigen Gebet seinen Ärger vor Gott bringen und so sein Herz für dieses eine Mal freihalten von bleibendem Groll. Doch wäre darüber hinaus eine sachliche Auseinandersetzung mit dem Chef, also die Konfrontation, das bessere Rezept. Biblisch wird dieses Streitgespräch mehrfach empfohlen, so z. B. bei Matth 18,15 ff., Lk 17,3, Sir 19,13.

Ein weiteres Beispiel für die Verkehrung von Gefühlen bietet derjenige, der seine Ängste hinter einem besonders autoritären und waghalsigen Auftreten versteckt. Man darf wohl davon ausgehen, daß alle Diktatoren und Despoten, wie auch sich tyrannisch gebärdende Väter oder Lehrer tiefliegende Ängste und Insuffizienzgefühle haben, diese aber in Scheinstärke verkehren. In jedem Fall werden Schwächen mit Hilfe des gespielten Gegenteils zurückgedrängt.

In der *Projektion* sucht der eine im anderen eben jene Motive, Bedürfnisse oder Empfindungen, die er selber hat, aber nicht akzeptieren kann. Der Rassenhaß ist ein solches Beispiel. Die anderen müssen als Sündenböcke für Mißstände herhalten, an denen ich selber beteiligt bin oder die ich gar verursacht habe. Weil diese Projektion unbewußt abläuft, ist ihre Entlarvung schwierig. »Die Nachbarin geht doch nur in die Kirche, um ihren neuen Mantel zu zeigen«, ist ein einfaches, aber typisches Beispiel für eine Unterstellung, die vielleicht den Wunsch des so Redenden offenbart, selber einen solchen Mantel zu besitzen und zu zeigen.

Krankhaftes Mißtrauen, besonders bei älteren Menschen zu beobachten, projiziert eigene feindselige Gefühle auf den anderen, dem man allerlei böse Taten und Motive unterstellt. Diese Triebimpulse bereiten dem Menschen Schwierigkeiten, so daß er sie loswerden will.

Wenn ein Mann eine Wut auf seine Frau hat, sich ihr gegenüber aber stets freundlich verhält und statt dessen die Wut gegen seine Sekretärin richtet, praktiziert er den Abwehrmechanismus der *Verschiebung*. Zu Hause kann er aber der bravste Vater und Ehemann sein, vielleicht ein Pantoffelheld, aber im Büro ist er ungenießbar. Nicht wenige Menschen richten ihren Zorn, der ursprünglich anderen galt, gegen Gott oder gegen die Kirche. Natürlich kann man auch Aggressionen, die der eigenen Familie gelten, auf sich selbst abbiegen. Kinder fangen an, ihre Fingernägel zu beißen oder sich wundzukratzen; Erwachsene drohen mit Selbstmord.

Im Bereich der sexuellen Wünsche sind derartige Abwehrformen ebenso möglich. Ist zum Beispiel jemand auf Grund seiner sexuellen Ängste nicht in der Lage, einen Menschen zu lieben, so wird er vielleicht diese Zuwendung sich selber geben. Er wird zum narzißtischen Menschen, der bewundert und umworben werden will, aber unfähig zur Liebe ist.

Der Mangel an Gotteserfahrungen sowie die Angst vor einer emotionalen Frömmigkeit sind nicht zuletzt auch eine Folge starker Affektabwehr. Viele Menschen sprechen über Gefühle so, als ob es sich um intellektuelle Probleme handle. Das Zeigen spontaner Gefühle oder das Mitgerissenwerden macht ihnen Angst. Sie wollen die Kontrolle über sich behalten, sich nüchtern geben. Hier spielt der Vorgang des *Rationalisierens* eine Rolle: Affektive Vorgänge werden »vernünftig« erklärt, damit man sich keine Blöße gibt. Wer kennt nicht jenen Vorgang, wo alle möglichen Gründe arrangiert oder vorgetäuscht werden, um eine geliebte Person so oft wie möglich zu treffen? Auf die Frage nach dem Grund des Kommens lassen sich nun die verschiedensten Argumente nennen, nur nicht das wirkliche, nämlich die Verliebtheit.

Schließlich erwähne ich noch die *Regression*, die sich recht kompliziert darstellt. Sie ist ein Rückfall in kindliche Verhaltensformen, die bei Erwachsenen eher kindisch wirken. So bekommt die Mutter prompt ihren Migräneanfall, wenn die Kinder nicht die gewünschte Reaktion zeigen. Oder sie droht, dem Vater alles zu erzählen. Auf diese Weise versucht sie, ihre Frustration in den Griff zu kriegen und ihre Wünsche durchzusetzen. Die Praxis der Onanie kann durchaus zur Regression gerechnet werden, wenn einer zu diesem Mittel greift, um Frustrationen abzubauen. Menschen, die sich in häufigen Schlaf zurückziehen, die bei Nichterfüllung ihrer Wünsche beleidigt sind, regredieren. Sie reagieren nicht auf mündige, erwachsene, d. h. authentische Weise.

Allen diesen Abwehrmechanismen liegt Angst zugrunde. Es überrascht daher nicht, daß Jesus uns immer wieder auffordert, angesichts seiner Nähe und Zusage keine übertriebene Angst zu haben. Im Fall des Falles scheint die Konfrontation, wie er sie am Ölberg praktizierte, noch die beste Art der Angstbewältigung. Mitunter sind Verdrängungen notwendig und auch schadlos hinzunehmen. Das gelingt aber nur bei einer erlösten Persönlichkeit und ausgeglichenen Lebensgestaltung. Es ist keineswegs so, daß nur die Moral den Menschen von der ungelenkten Triebhaftigkeit abhalten kann;

ein ebenso wirksames Mittel ist die Not, die Grenzen setzt. Und hier hat die Seelsorge eher einzusetzen als bei der ohnedies überstrapazierten Moral.

Ich sage es noch einmal und immer wieder: Gott läßt die Not zu, damit wir im Bündnis mit ihm unsere Triebe und Wünsche reinigen lassen können. Not macht erfinderisch, aber auch fromm.

Orientierung am Handeln Jesu

Jeder Psychologe weiß heute um die drei therapeutischen Grundhaltungen Kongruenz, Wertschätzung und Empathie, die er dem Patienten gegenüber zu zeigen hat. Mit Kongruenz ist seine Echtheit, seine Wahrhaftigkeit gemeint: Weiß er als Helfer um seine eigenen Grenzen und Versuchbarkeiten, um seine eigenen Gefühle und Schatten? Wehe dem, der sie nicht kennt oder verleugnet! Er würde im schlimmsten Fall zu einem Moralisten, zu einem falschen Propheten und angstmachenden Maskentänzer verkommen. Jesus war in dieser Beziehung zu sich selbst radikal wahrhaftig. Er war ein Leben lang versuchbar, wie das bei Matth 4,3 nachzulesen ist. Diese Stelle ist ja lediglich die Ouvertüre einer permanenten Verführung zu Macht und Reichtum. Er zeigte seine Gefühle, weinte mit den Weinenden und lachte mit den Lachenden. Ärger und Zorn, Trauer und Angst, Liebe und Zuneigung konnte er öffentlich ausdrücken (Lk 19,41; Lk 8,33; Mk 14,33; Mk 10,21). Und vor allem: Er war identisch mit dem, was er lehrte. Die Menschen erfuhren bei ihm, daß er das lebte, was er lehrte, und das sagte, was er dachte.

Kinder spüren sofort, ob ihre Eltern wahrhaftig sind: ob sie das leben, was sie da sagen. Schüler erkennen schnell, inwieweit ihre Lehrer kongruent sind: ob sie an das glauben, was sie immer lehren. Und ob ihre Lehre mit dem übereinstimmt, was die Heilige Schrift als Wahrheit erkannt hat.

»Lehre die Wahrheit unverfälscht und mit Würde!« schreibt Paulus im Brief an Titus (2,7). Dazu bedarf es des ständigen Gebetes um den Beistand des Heiligen Geistes. Einer, der ganzheitlich heilen will, der wirksame Seelsorge betreiben möchte, muß ein betender Heiler sein; erst die Öffnung zu Gott hin ermöglicht das Wirken Gottes. Doch Beten allein ist noch kein Kriterium für Echtheit. Er muß auch den Willen Gottes tun. Lukas berichtet uns von einigen Heilern, die zu Jesus kommen und ihn fragen: »Herr, wir haben in deinem Namen Kranke geheilt, Dämonen ausgetrieben. Was wird uns dafür zuteil?« Und Jesus antwortete: »Hinweg mit euch. Ich kenne euch nicht. Ihr habt versäumt, nach meinem Willen zu leben!« (Matth 7,21 ff.)

Diese Menschen lebten und handelten funktional, nicht spiritual. Dennoch hatten sie Erfolge zu verbuchen. Das mag den Gläubigen verwundern, wenn nicht gar ärgern. Doch der Gebrauch des rechten Mittels durch einen verkehrten Menschen macht die Handlung noch lange nicht gut. Am Menschen hängt mehr, als wir glauben. Die Methode ist nur eine Richtung, die einer einschlägt, wobei es auf das Wesen des Handelnden ankommt. Jesus wollte in erster Linie nicht Erfolge sehen, sondern Ehrlichkeit und Transparenz.

Wenn wir uns die gut verbürgten und bezeugten Heilungsvorgänge innerhalb und außerhalb der christlichen Kirchen ansehen, so stellen wir fest, daß immer in besonderer Weise Menschen mit demütigem und gottvertrauendem Charakter die Heiler sind. Oft sind es Ungebildete, aber Leute, die auf Gott bauen. »Herr«, sagten die Jünger zu Jesus, »da sind Leute, die in deinem Namen heilen, aber nicht zu uns gehören.« – »Laßt sie«, entgegnete Jesus ihnen, »wer nicht gegen mich ist, ist für mich.« (Mk 9,38 ff.)

Eine solche Wertschätzung bedeutet Respektierung des anderen. Sie gilt nicht nur dem Seelsorger, sondern dem Patienten, der als suchender, verirrter, sündiger, verzweifelter und zweifelnder Mensch angenommen sein muß. Ich als Therapeut darf ihn nicht bevormunden, aber auch nicht in einer übertrieben nondirektiven Weise hängenlassen. Zwar sind kalte Umschläge oft besser als heiße Ratschläge; dennoch gibt es Momente, die einen konkreten Rat verlangen. Jesus selbst ging eher direktiv vor, erteilte Ratschläge, manchmal sogar Befehle, und zeigte hin und wieder die verbindliche Marschrichtung. Er wußte um die Schwachheiten der Menschen, um ihre Unentschlossenheit, um ihre mangelnde Konsequenz und Beharrlichkeit. Darum fing er sie immer wieder auf, wenn sie fielen, ohne Moralpredigten zu halten. Mit einer ungeheuren Geduld und Liebe ging er auf sie ein und weckte in ihnen schlummernde Kräfte und ungeahnte Möglichkeiten. Er ergriff stets Partei für die Armen und die Ausgestoßenen, er gab den Sündern ihre Menschenwürde zurück.

Es kommt gelegentlich vor, daß Patienten mich bitten, sie angesichts ihrer Schuld oder persönlichen Eigenarten nicht auszulachen oder abzulehnen. Manche suchen per Telefon Rat mit der Bitte, anonym bleiben zu dürfen, weil sie sich schämen oder Angst vor Ablehnung haben. Ihre Ängste entstammen der bitteren Erfahrung von Ablehnung durch Verwandte oder kirchliche Vertreter. Die von Jesus praktizierte und gewünschte Empathie als bedingungslose Zuwendung ist eine therapeutische Bedingung, ohne die kein Sünder geheilt werden kann. Und weil viele Christen meinen, Zuwendung und Toleranz könnten als Einverständnis mit der

Schuld des anderen gedeutet werden, halten sie sich zurück. Ein Pfarrer, der aus seelsorgerlichen Gründen wiederholt im Gespräch mit einer stadtbekannten Prostituierten gesehen wird, muß damit rechnen, daß ihn »fromme« Christen beim Bischof melden. Jene frommen Christen projizieren dabei ihre eigenen sündigen Gedanken in den Pfarrer und wollen sich durch die Meldung beim Bischof davon reinwaschen. Der Seelsorger muß, wenn er wahre und empathische Seelsorge betreibt, damit rechnen, daß er auf Wege geführt wird, die er so nicht will. Er muß sich sehr weit zum verirrten Schaf vorwagen; das kann mehr als eine Meile kosten, denn »wenn dich jemand nötigt, eine Meile mit ihm zu gehen, so gehe mit ihm zwei.« (Mt 5,41)

Nur wer unabhängig ist, wer also keine Angst hat vor Denunziation und Rufmord, wer eine stabile Psyche sein eigen nennen kann, muß nicht befürchten, daß er im Sog der Ängste untergeht. Er bedarf immer wieder der Gnade Gottes, die ihm zugesichert ist. Aus eigener Kraft ist eine solche Zuwendung zum Patienten nicht immer möglich. Die Selbstmordquote ist unter den helfenden Berufen am höchsten. Dies müßte nicht so sein, wenn sich die Helfer und Heiler als Werkzeuge Gottes verstünden, denen der Geist des Herrn versprochen ist. »Ich vermag alles durch den, der mich stark gemacht hat.« (Phil 4,13)

Die Schwierigkeit in therapeutischen Prozessen besteht in der ständigen Forderung, die Übertragungen und Widerstände des anderen auszuhalten. Im konkreten Einzelfall ist es wichtig, daß der andere seinen Zorn ausleben darf, daß er alles ausspricht und anrührt, was ihm bisher verboten war. Hier begibt sich der Seelsorger mit dem Gekränkten auf ein Gebiet, das Mut und Vertrauen fordert. Er muß, wie Paulus es sagt, »den Juden ein Jude sein, den Römern ein Römer, den

Gesetzlosen ein Gesetzloser, um wenigstens einige zu retten.«
(1 Kor 9,19 ff.)

Neben Wahrhaftigkeit (Kongruenz), Wertschätzung und Einfühlungsvermögen (Empathie), die Jesus in vollkommener Weise übte, fällt auf, daß er viele seiner Patienten berührte. Berührungen kommen in unseren Praxen selten vor, allenfalls auf funktionaler Ebene, also beim Pulsfühlen, beim Kathetersetzen, beim Fiebermessen oder Verbandanlegen, bei Massagen. Die wertvolle, heilende affektive Berührung findet in der Regel nicht statt.

Ein Mensch, der angerührt wird im buchstäblichen Sinn, der Nähe und Annahme erlebt, der einen mitleidenden (= sympathischen) Menschen erlebt, vermag sich angstfrei zu öffnen und sich selber lieben zu lernen. Natürlich benötigt er dazu viel Zeit; die Arbeit des Seelsorgers reicht dazu nicht aus. Hier muß die Mitarbeit des Patienten, ja auch die tätige Nächstenliebe all seiner Mitmenschen mitsamt der Gnade Gottes einbezogen werden. Der Seelsorger ist aber der erste und unmittelbare Ansprechpartner, der die verborgenen, verbotenen und verbogenen Gefühle des Gekränkten freisetzen und annehmen soll. Dazu schreibt Isidor Baumgartner trefflich: »Fast scheint es, als ob hier das gleiche Prinzip walte, daß die Sünde und das Böse der Menschen nur überwunden werden können, wenn sie sich am absolut Sündelosen in ihrer totalen Verderbnis zeigen dürfen. Christus stellt sich der Bosheit der Menschen als ›leidender Gottesknecht‹, wie ein ›Sündenbock‹ und ›Opferlamm‹ zur Verfügung.« (Pastoralpsychologie, Düsseldorf 1990, S. 542) Der Seelsorger, ob Arzt, Pädagoge, Psychologe oder Heilpraktiker, ist jemand, der sich als Werkzeug und Vertreter Christi verstehen darf, an dem sich der unheile Mensch ausweinen und austoben kann. Wenn dann beide, Heilvermittler und Heilsuchender, sich ihrem Gott zuwenden, haben beide das Wort therapeuo in seiner ganzen Bedeutung erfaßt: helfen, heilen, dienen, gut sein, nahe sein, *anbeten*. Religion ist kein Garant für Heilung, Erlösung ist keine Befreiung vom irdischen Leiden. Sie ist der Weg zur Sinnfindung, den ich als Therapeut nicht vorgeben, aber anbieten kann.

Was aber ist, wenn einer kommt, der nicht glauben kann? Wenn er es ablehnt, seinen Blick auf Gott zu werfen, und sich jedwede religiöse Ausrichtung verbietet? Wenn er auf die Frage »Glauben Sie, daß Gott Sie heilen kann?« negativ antwortet? Im Augenblick befindet sich ein junger Mann in meiner Behandlung, der einen psychotischen Anfall hinter sich hat, in dem seine ganze angestaute Wut auf seinen Vater zum Vorschein kam. Sein erster Satz nach unserer Begrüßung lautete: »Ich habe mit Beten und Kirche nichts am Hut; trotzdem steckt ein guter Kern in mir.« Seit er denken kann, fühlt er sich vom Vater abgelehnt. Nie wurde er von ihm in die Arme genommen, nie gelobt. Er war einmal ein überzeugter Ministrant, ist jetzt aber zutiefst enttäuscht und verbittert. In seinen Träumen spielen wilde Tiere und das Fallen in die Tiefe eine wesentliche Rolle. Ängste und Aggressionen gehen Hand in Hand. Bezeichnenderweise übt er seit dem 15. Lebensjahr, als er miterleben mußte, wie sein Vater die Mutter schlug, verschiedene Kampfsportarten. Beten ist für ihn ein Ausdruck von Schwäche. Sein Gott hat unverkennbare Ähnlichkeiten mit seinen Eltern; da paaren sich Ohnmacht und Bedrohung.

Meine Aufgabe besteht zunächst einmal darin, ihn zu verstehen und ihn dazu zu bringen, seine ohnmächtige Wut auf den Vater herauszuschreien. Dieser Vater ist selbst ein Gekränkter, ein Beleidigter, der mangels erfahrener Liebe keine Liebe geben konnte. Beide Eltern praktizieren als Katholiken, natürlich nur formal, wie man unschwer erkennen kann. Denn wirkliches Christsein beginnt nicht beim Kirchenbesuch, sondern führt dorthin. Da er keine befreiende Religion erlebt hat, liegt es nun an mir, seine Not still vor Gott zu tragen und zu hoffen, daß seine Wunden geheilt werden. Berührungen verträgt er nicht. Er verlor seine Freundin, weil er vor ihren Umarmungen Angst hatte und sie immer sanft wegzuschieben versuchte. Ich machte ihm heute klar, daß er nur geheilt werden kann, wenn er sich seinen Ängsten stellt. So wie er körperlich zu kämpfen gelernt hat, muß er nun auf der geistigen Ebene kämpfen lernen. Noch weiß ich nicht genau, wie ich vorzugehen habe. Hier ist viel Geduld vonnöten – und eine gehörige Portion Gottvertrauen. Ich habe ihm geraten, die von seinem Arzt verschriebenen Medikamente weiterhin zu nehmen, weil sie die Therapie unterstützen.

Wenn Jesus heilte, heilte er alles. Mit der Vergebung der Schuld und der Ermutigung zur Selbstannahme (innere Heilung) verschwand immer auch das körperliche Symptom (äußere Heilung). So wird der Gelähmte erst von seinem Gebrechen geheilt, nachdem ihm seine Sünden vergeben sind (Matth 9,2 ff.) Oftmals folgen Mahnungen zur Umkehr: »Geh hin und sündige nicht mehr!« oder Anweisungen wie »Geh nicht nach Betsaida, sondern nach Hause!« (Mk 8,26), »Zeig dich den Priestern und laß dich untersuchen!« (Lk 17,14), und nach der Heilung des Aussätzigen, den er durch Berührung vor aller Augen wieder in die Gemeinschaft aufnahm: »Sag niemandem etwas davon, geh zum Priester, laß dich untersuchen und bring das Opfer, das dafür vorgesehen ist!« (Matth 8,4) Wir scheuen uns vor konkreten Anweisungen, die den religiösen oder moralischen Bereich betreffen, weil wir der Meinung sind, dies gehöre zum intimen Bereich des Patienten. Andererseits aber ist dieser intime

Bereich bei vielen Menschen gestört; Ärzte und Psychologen machen ihn nicht zum Inhalt ihrer Gespräche, weil sie nicht in den geistlichen Bereich der Seelsorge vordringen möchten. Doch der Gang zum Priester fällt vielen schwer; das mag im zunehmenden Verlust des Vertrauens begründet sein, oder auch in der Scham, seine religiösen Nöte und menschlichen Verfehlungen vor den Ohren eines anderen auszubreiten. Nicht wenige spüren zu Recht, daß ein solches Bekenntnis Konsequenzen in ihrem Leben haben würde, zu denen sie (noch) nicht bereit sind. Da ziehen sie lieber eine rasche, symptomorientierte Therapie vor, die zu nichts verpflichtet.

Wirksame Seelsorge und innere Heilung sind aber nur dann möglich, wenn die Einsicht zur Umkehr und Vergebung vorhanden ist. Und gerade das ist das Hauptanliegen Jesu gewesen. Seine Heilungen und Wundertaten sind als sichtbares Beiwerk, sozusagen als Beglaubigung seiner Autorität zu verstehen. Es kam ihm stets auf das Umdenken an, auf die so ganz andere Psychologie, die in der Praxis der Vergebung und Anbetung Gottes ihren Niederschlag findet.

Gott will zuerst Versöhnung

Daß die Psychologen weitgehend den Mut verloren haben, »die psychologischen Befunde mit einer philosophischen oder gar theologischen Anthropologie in Beziehung zu setzen« (Albert Görres), mag eine Erklärung dafür sein, daß Begriffe wie Gewissen, Tugend und Laster, Glaube und Unglaube, Vergebung und Reue nicht zu ihrem Vokabular gehören.

Eine Frau kommt wegen Depressionen zu mir. Seit 20 Jahren leidet sie unter Schlafstörungen, Verdammungsängsten und autoaggressiven Verhaltensweisen. Sie weiß, daß diese Symptome Folgen von zwei Abtreibungen sind, die sie auf Druck ihres Mannes vornehmen ließ. Sie wollte ihren Mann nicht verlieren. Jetzt hat sie weder Mann noch Kinder. Ihr Mann verließ sie, weil er nicht gewillt war, die Depressionen seiner Frau zu ertragen. Die Frau war zwei Jahre lang in gesprächstherapeutischer Behandlung, gleichzeitig in nervenärztlicher Betreuung. Beide Therapeuten hielten sich strikt an ihre klassische Methode und gelangten nicht zum Kern des Problems. Wenn ich den Aussagen der Patientin glauben darf, ist das Thema Schuld und Versöhnung nicht angeschnitten worden, auch nicht von ihr selber. Erst ein christlicher Arzt hat sie auf diesen Punkt hingewiesen.

Ihre Lebensgeschichte zeigt auf, wie sehr das neurotische Verhalten durch Entzweiung mit sich selbst entstand. Ihren Schuldgefühlen versuchte sie dadurch zu entgegen, daß sie sich nachts im Schlaf am ganzen Körper wundkratzte. Außerdem stolperte und stürzte sie öfter in der Nähe von Geschäften, die Babywäsche und Spielzeug anboten. Sie versuchte also durch diese Selbstbestrafung ihre Lebensberechtigung wiederzugewinnen. Doch von einer Versöhnung und Selbstannahme war sie noch weit weg.

Ein anderes Beispiel: Eine Frau klagt über die Überempfindlichkeit ihres Mannes: Auf jede kleine Kritik oder Wunschablehnung reagiert dieser mit Depression. Seine Verhaltenspalette reicht vom Beleidigtsein bis zum Produzieren körperlicher Symptome. Er hat nie gelernt, mit Frustrationen umzugehen. Wenn aber alles nach seinen Vorstellungen abläuft, ist er der freundlichste Mensch auf der Welt. Wir haben es hier mit einem narzißtischen Menschen zu tun, der nur seine Interessen sieht und außerstande ist, sich in einen anderen Menschen hineinzuversetzen. Daß seine Selbstsucht auf

Selbstablehnung beruht, scheint zunächst unsinnig, ist aber zutiefst logisch. Denn wer sich oder Teile von sich ablehnt, sucht Bestätigung seiner selbst. Wer sich nicht (er)leiden kann, wird an sich leiden. Er will alles bekommen, weil er unbefriedigt ist.

Beide Personen, jene Frau, die abgetrieben hat, und dieser Mann, der an sich leidet, sind nicht versöhnt, weder mit sich noch mit Gott noch mit den Mitmenschen. Versöhnung ist in allen Bereichen anzustreben: mit mir selbst, der ich mich nicht für liebenswert halte; mit dem Nächsten, der mich verletzt und gekränkt hat; mit Gott, der mir diese Schmerzen zumutet. Am schwersten scheint die Selbstannahme zu sein, die Vergebung sich selbst gegenüber.

Die innere Heilung erfolgt dann, wenn sich der Betreffende bewußt wird, daß er liebenswürdig ist, daß er Gaben und Fähigkeiten von Gott bekommen hat, die ihn auch zur Liebe und Vergebung befähigen. Im Verlauf der Therapie fordere ich den Patienten auf, seine guten und schmerzlichen Erinnerungen preiszugeben. Die unverarbeiteten schmerzlichen Geschehnisse werden in Imaginationen, d. h. in bildhaften Vorstellungen noch einmal vergegenwärtigt. Es folgen Bemühungen, die Motive und dahintersteckenden Nöte zu erfassen. Warum habe ich es getan? Weshalb hat mich diese Person so gedemütigt? Wie würde Jesus darauf reagieren? Schrittweise werden die biographischen, besser gesagt: die psychographischen Elemente vor Gott getragen, stets mit dem Dank verbunden, daß Gott mir vergeben hat und daß ich imstande bin, alle Verletzungen an ihn abzugeben.

Viele Wunden entstehen durch Verletzung des Selbstbildes. Jemand kann durchaus erfolgreich, bewundert oder kompetent sein, sich aber trotzdem als Versager oder als Luder fühlen. Es hängt davon ab, wie er über sich selbst denkt. Ein negatives Selbstbild kann zu einem negativen Verhalten führen. Wer sich stets anders haben will, als er ist, weil er meint, er müsse anders werden, um geliebt zu sein, wird eines Tages nicht mehr wissen, wie er ursprünglich war. Doch Gott liebt ihn so, wie er ist. Er muß kein anderer werden, um von ihm angenommen zu sein. Und wenn auch der Ehepartner wegläuft, so bleibt der Verlassene immer noch liebens- und lebenswert. »In Demut ehre auch dich selbst und gib das Zeugnis dir, das du verdienst!« heißt es bei Jesus Sirach (10,28). Und: »Wer sich selber nichts gönnt und Gutes tut, ist anderen eine Last« (14,5).

Selbstablehnung kann Folge, aber auch Ursache einer fehlenden Selbstvergebung sein. Sie ist das Ergebnis eines falschen Gottesbildes, auch einer wenig ermutigenden Erziehung. Und es ist dann sehr schwer, Gott in jenem Bereich zu loben, wo man verwundet ist. Wir wissen aber, daß nur derjenige Mensch im Kern geheilt ist, der Gott zu loben und zu danken versteht, auch für die schmerzvollen Bereiche seines Lebens. Ein falsches Gottesbild kann aber jede Bemühung zum Lobpreis im Ansatz schon blockieren.

Wo Sünden wegrationalisiert werden, gibt es weder Reue noch die Freiheit, schuldig werden zu können. Da entartet der Mensch zu einem seelenlosen Bündel von Determinanten. Da gibt es auch keine Versöhnung. Selbst vermeintliche, eingebildete oder zwanghaft bedingte Schuld sollte man nicht wegpsychologisieren, sondern Gott hinhalten. Es ist keine wirkliche Hilfe, wenn jemand zu einer kleptomanischen Frau sagt: »Machen Sie sich nichts daraus. Das ist keine Schuld!« So eine Bemerkung kann die Depression verstärken; denn die Frau fühlt sich schuldig. Und in der Tat liegt ja auch irgendwo eine Schuldhaftigkeit zugrunde, und sei es in der fehlenden Bereitschaft, andere, z. B. sexuelle Bereiche des Lebens zu ordnen. Besser wäre es zu sagen: »Was immer Sie als Schuld empfinden, was immer in Unordnung geraten ist in Ihrem Leben, das wird Jesus vergeben und heilen.« Im Fall der kleptomanischen Frau wird natürlich eine Psychotherapie angezeigt sein, die die Selbstannahme zum Ziel hat.

Dankbarkeit heißt der Schlüssel zu einer erlösten Lebenssicht. Wer stets Anlässe zur Dankbarkeit sucht und auch der Not noch ein Quentchen Sinn abgewinnen kann, wird so rasch nicht depressiv oder aggressiv. Deshalb gehört neben der Bewußtmachung lästiger Schatten die Einübung der Dankbarkeit zum seelsorgerlichen Teil meiner Therapie.

Mitunter stößt man auf ein tief verwurzeltes Mißtrauen gegen Gott. Eigenregie, Hochmut, Verbitterung können die Begleiterscheinungen dieses Mißtrauens sein. Ein solcher Mensch neigt dazu, sich unangreifbar zu machen oder Gott in die Karten schauen zu wollen. Er sucht sich gegen alles abzusichern, wird immer distanzierter und mißtrauischer, zuletzt einsam und verschlossen. Was gäbe ich darum, könnte ich diesen Menschen den Gott der Liebe und Freundlichkeit vermitteln! Hier stoßen alle Seelsorger an die Grenzen des Machbaren. Glauben kann man nicht *machen*. Da bleibt nur das unerschütterliche Vertrauen auf die Gnade und das Aushalten der eigenen Ohnmacht.

Segnungsgottesdienste

Jeder Gottesdienst will segnen, heilen und versöhnen. Von daher ist der Begriff Segnungs- oder Heilungsgottesdienst eigentlich überflüssig. Und dennoch ist es sehr zu empfehlen, eine solche besondere Feier regelmäßig anzubieten und dem Auftrag Jesu, den Menschen die Hände aufzulegen, sie mit heiligem Öl zu salben und in seinem Namen zu heilen, gerecht zu werden.

In allen Eucharistiefeiern bitten wir um Heilung: »...sprich nur ein Wort, und meine Seele wird gesund«; im Vaterunser erflehen wir Vergebung unserer Schuld, »wie auch wir vergeben unsern Schuldigern«, und schließlich sprechen wir uns gegenseitig den Friedensgruß zu. Aber dennoch geschieht so wenig in unseren Gotteshäusern. Ich denke, der Glaube und die Liebe fehlen. Und hier liegt die besondere Chance der sogenannten Versöhnungs- und Heilungsgottesdienste, die Heribert Mühlen mit dem Begriff »Umkehrliturgie« bezeichnet. Alle können sich darauf konzentrieren, im Lobpreis Gottes und in der Gemeinschaft mit anderen die unversöhnten, unheilen Teile ihres Lebens dem Herrn hinzuhalten in der gläubigen Erwartung seines Wirkens. Wer jedoch seinem Gott unterstellt, er lasse ihn im Stich und strafe ihn für irgendwelche Sünden, blockiert die ihm gegebene Befähigung zum Lobpreis seines Schöpfers. Es geht nicht um spektakuläre Phänomene, um Massensuggestionen, um die Weckung falscher und einseitiger Heilungserwartung. Hiervor haben sehr viele Pfarrer Angst, meines Erachtens zu Recht. Auch sind die charismatischen Elemente wie das Beten in fremden Sprachen (Glossolalie), das Umfallen (Ruhen im Geist) oder das Beten mit erhobenen Armen keine heilsnotwendigen Vorgänge; sie sind eher vom Geist gewirkte Zeichen, die sich nicht darum kümmern, wie sie »ankommen«. Es geht um den intensiven, von vielen Christen nie geübten Lobpreis Gottes, um die innere Heilung der Aussöhnung mit sich, mit den Menschen und mit Gott. Wenn dann Gott auch körperliche Heilung schenkt, was ja oft genug nicht der Fall ist, so mag dies Grund zum Jubel für den Geheilten und Anlaß zur Trauer für den Nichtgeheilten sein. Auf jeden Fall sollte die Heilung durch Ärzte überprüft werden. Ein Bischof sagte mir einmal: »Mir könnte in meiner Diözese nichts Schlimmeres passieren als ein Wunder!« Er meinte die damit verbundenen marktschreierischen Presse-meldungen, die hysterischen Reaktionen neurotischer und wundersüchtiger Christen und alle unguten Nebenwirkungen eines solchen Geschehens.

Umkehr und heile Gottesbeziehung sind immer willkommen. Was tun wir aber dafür? Der Worte fallen genug. Es fehlen die Zeichen. Diese schenkt Gott gerade in solchen liturgi-schen Versammlungen. Pfingsten kann immer und überall stattfinden, wenn sich Christen einmütig im Gebet versam-meln und den Geist Gottes herabflehen. Gott will immer in-nere Heilung schenken, aber nicht immer auch körperliche Genesung. Das ist für viele enttäuschend; hier wird die Un-verfügbarkeit Gottes deutlich, die manche mittels magischer Praktiken zu umgehen versuchen.

Als ich im Rahmen eines Versöhnungsgottesdienstes hand-auflegend mit einer jungen Frau und für sie betete, wäre sie fast umgefallen, wenn ich sie nicht gehalten hätte. Ich fürch-tete eine Kettenrekation von umfallenden Betern und for-derte sie eindringlich auf, standzuhalten. Dies geschah auch. Da ich das »Ruhen im Geist« nicht einordnen kann, auch Ablenkungen befürchtete, schien es mir richtig, es zu unter-binden. Darüber kann man anderer Meinung sein. Gewiß sollten derartige »umwerfende« Gottesbegegnungen nicht überbetont werden.

Wir bieten in unserem Bildungs- und Exerzitienhaus in Frei-sing auch Seminare zum Thema Versöhnung an. Sie sind je-desmal rasch ausgebucht und zeigen immer wieder die große Sehnsucht der Menschen nach innerer Heilung. Die Seminare enden mit einer entsprechenden eucharistischen Feier, in der die Krankensalbung und das handauflegende Einzelgebet angeboten und von fast allen Teilnehmern dankbar angenommen werden. Wir erlebten unmittelbar nach der Krankensalbung wiederholt körperliche und seelische Heilungen. Hier tut sich ein enormes pastorales Seelsorgefeld auf, das viele Pfarrer noch zu wenig beachten. Natürlich kann es nicht allein darum gehen, Segnungen anzubieten; es muß auch eine Weiterbetreuung der Neubekehrten geben, eine geistliche Begleitung der Suchenden, die von geeigneten Männern und Frauen übernommen werden kann.

Unechte Schuldgefühle

Das gesunde Schuldbewußtsein schwindet dahin. Immer mehr Menschen fühlen sich immer weniger schuldig. Gingen früher sehr viele Christen beichten, aber kaum zum Empfang der Kommunion, so gehen heute viele Christen kommunizieren, aber kaum beichten. Die Bemerkung »Was sollte ich denn beichten? Ich habe weder getötet noch geraubt, ich habe nicht einmal die Ehe gebrochen«, verrät einen erschreckenden Mangel an Sensibilität. Eigenartigerweise fühlten sich die Heiligen stets als die größten Sünder. Heute fühlen sich halbe Sünder als halbe Heilige. Wer mit dem Geist Gottes lebt, wird immer genug Gründe haben, sich auszusöhnen und seine Lieblosigkeiten, Unmäßigkeiten, Habsüchtigkeiten vor Gott zu bekennen.

Natürlich bin ich froh darüber, wenn die unechten Schuldgefühle, die pathologischen, lebensverneinenden Schuldgefühle, abgeworfen werden. Wo das gelingt, findet eine Befreiung statt.

Vor mir liegt der Brief einer älteren Dame, die unter Schuldgefühlen und psychosomatischen Beschwerden leidet. »Ich wälze mich geradezu mit Lust im Negativen und in Selbstverstümmelungen. Ich fühle tiefe Daseinsschuld, weil ich mit 20 Jahren von zu Hause fortging und einen jungen Mann heiratete. Das alles gegen den Willen meiner Eltern. Mein Vater starb danach an Krebs, einer meiner Brüder verunglückte tödlich. Das war wohl die Strafe Gottes für meinen Ungehorsam. Ob er mir jemals meine Schuld vergibt?« Eine jüngere Frau klagt: »Ich habe Angst und Schuldgefühle meiner verstorbenen Mutter gegenüber. Sie hat mich als einzige geliebt; ich aber habe sie oft alleingelassen, obwohl sie mich bat, bei ihr zu bleiben. Aber ich konnte es nicht mehr. Mein Leben verkümmerte; ich blieb unverheiratet, habe jetzt Depressionen und Rückgratverkrümmungen.« Beide Frauen fühlen sich schuldig und suchen unbewußt sich selbst zu bestrafen, weil sie glauben, unchristlich gehandelt zu haben. Gleichzeitig fühlten sie aber, daß für sie eine andere Bestimmung gelten mußte. Die eine setzte sich durch und lief weg; die andere blieb. Beide wurden wahrscheinlich unschuldig schuldig gemacht, das heißt die innere Stimme wurde durch Hinweise auf das vierte Gebot und durch die Bindung an die Mutter überlagert. Die Intuition (»Ich fühle mich dazu gedrängt« – »Ich will das jetzt tun«) unterlag der Suggestion (»Das darfst du nicht! Tu mir das nicht an! Was denken die Leute?«). Fast alle Depressiven und Zwanghaften leiden unter solchen funktionalen, anerzogenen Schuldgefühlen, die durch noch so viele Beichten nicht verschwinden. Denn das Bekenntnis von unechter Schuld führt nicht zur Befreiung, wenn die Selbstvergebung ausbleibt. Echte Schuld liegt immer im Verrat der Liebe, nicht unbedingt im Übertreten eines Gebotes. Wer in seinem Gewissen und in seiner Selbstfindung irritiert wurde, vermag nicht mehr zu unterscheiden. Er wird gefällig und perfekt sein wollen, um sich Anerkennung zu verschaffen. Er kann nicht

»nein« sagen, kann keinen Schmerz zumuten, allenfalls sich selbst in der Annahme, dies sei vielleicht die biblische Selbsterniedrigung. Derartige Irritationen des Gewissens entstehen durch jahrelange Drohungen und Forderungen nach Anpassung: »Ins Grab bringst du mich noch« – »Du kannst aber auch gar nichts« – »O mein Kopf. Du bist schuld daran.« – »Geh bitte nicht weg, ich brauche dich« – »Warte nur, dem Vater werde ich alles erzählen« usw.

Ein 22jähriger Mann, Einzelkind einer Witwe, äußerte eines Tages den Wunsch, für drei Jahre in die Entwicklungshilfe zu gehen. Die Mutter flehte ihn an, ihr dies nicht anzutun. Es könnte ihr etwas passieren, dann sei niemand für sie da. Der junge Mann, unsicher geworden, fragte mich um Rat. Ich gebe aus dem Gespräch einen Auszug wieder:

Klient: Ich möchte gern nach Afrika gehen als Entwicklungshelfer.

Therapeut: Und dem steht etwas im Weg?

Klient: Ja. Meine Mutter. Sie will es nicht. Sie hat Angst vor dem Alleinsein.

Therapeut: Ist sie krank oder gebrechlich?

Klient: Im Gegenteil: putzmunter. Aber wenn ich weggehe, habe ich Schuldgefühle. Schließlich ist sie ja auch immer für mich dagewesen.

Therapeut: Sie müssen also bis zum Tod Ihrer Mutter dableiben?

Klient: (lange Pause) Ich muß an den Mann denken, der Jesus nachfolgen wollte, aber abgelehnt wurde, weil er noch rasch seinen toten Vater beerdigen wollte. Jesus verlangte von ihm radikales Loslassen.

Therapeut: Sind Sie dieser Mann?

Klient: Ich weiß es nicht. Es könnte ja sein. – Ich weiß nur eins: Der Ruf, nach Afrika zu gehen, ist schon lange da.

Therapeut: Sie kennen die Geschichte vom weggelaufenen Jesus? Seine Eltern finden ihn nach drei bangen Tagen und machen ihm Vorwürfe. Darauf antwortet er: Habt ihr nicht gewußt, daß ich meiner inneren Stimme – der meines Vaters – mehr gehorchen muß als euch? Daß ihr mich loslassen müßt?

Klient: Und was ist, wenn meiner Mutter etwas passiert?

Therapeut: Sie werden sich wahrscheinlich schuldig *fühlen*, ohne schuldig zu *sein*.

Klient: Und was mach ich nun?

Therapeut: Das, was Ihnen Ihre innere Stimme sagt.

Klient: Wenn das so einfach wäre.

Therapeut: Sind Sie einverstanden, wenn ich jetzt ein Gebet spreche?

Klient: Gern, bitte.

Therapeut: Jesus, ich danke dir, daß du jetzt hier bist. Du weißt um die Fragen deines Bruders, kennst seine Anliegen, kennst seine Wege. Ich bitte dich um Klarheit für ihn, um Mut zur rechten Entscheidung, um Vertrauen auf deine Unterstützung. Nimm dich seiner an und schütze seine Mutter. Alles soll zu deiner Ehre geschehen.

Der junge Mann rief mich später an und teilte mir mit, daß er die Reise nach Afrika antreten werde. Seine Mutter hatte sich intuitiv mit diesem Entschluß schon lange vertraut gemacht. Sie ahnte, daß sie ihn nicht halten konnte. Ein Glück für den Sohn, der durch diese Haltung nicht noch mehr in funktionale Schuldgefühle geriet.

Starke Bindungen der Eltern an ihre Kinder, übertriebene Harmonisierungswünsche und Hinweise auf Leistungsschwächen führen in der Regel zu unechten Schuldgefühlen. Dann fällt es schwer, Wünsche anderer abzuschlagen, eigene

Wege zu gehen und das Leben zu wagen mit all seinen Gefahren. Solche Menschen leben sparsam und eng, sehr angepaßt und vorsichtig. Durch Leistungen vor Gott und den Menschen versuchen sie, ihre Lebensberechtigung zu finden. Jeder Fehler wird als Schuld empfunden, die Wiedergutmachung in endlosen Gefälligkeiten nach sich zieht. Diese Menschen müssen lernen, täglich ihre vermeintlichen und wirklichen Grenzen vor Gott zu tragen und loszulassen, damit sie nicht wie weiland Lots Weib vom ständigen Zurückblicken zur Salzsäule erstarren, das heißt Rückgratverkrümmungen bekommen, Gefäßverengungen kriegen, rheumatische Gelenkversteifungen erleiden. Der Organismus protestiert energisch gegen psychische Vergewaltigungen und gegen das Überhören der inneren Stimme.

Okkultismus: Mißtrauen gegen Gott

»Die Faszination vom Okkulten ist das Zeichen einer spirituellen Krankheit. Es ist das Zeichen einer menschlichen Psyche, die in die falsche Richtung schaut. Diejenigen, die den Okkultweg eingeschlagen haben, werden weder in ihrer persönlichen Reife fortschreiten noch mit Gott oder den Menschen ins reine kommen... Diejenigen, die vom Okkulten fasziniert sind, werden das, was sie suchen, nicht finden.« (M. Perry: Psychic Studies. Wellingborough 1984, S. 201) Diese Aussage ist trefflich, läßt aber offen, was denn nun unter Okkultismus zu verstehen ist. Eine Definition ist auch kaum möglich, weil das, was heute noch als okkult, verborgen, geheim gilt, morgen schon bekannt sein kann. Okkultismus ist ein Sammelbegriff für Phänomene, deren Ursache im dunkeln liegt; in der gängigen Literatur werden damit alle Handlungen und Denkweisen bezeichnet, die Magie, Spiritismus und Satanskult betreffen.

Seit 1983 befasse ich mich notgedrungen mit diesem Phänomen, weil sich immer mehr Menschen in meine Praxis begeben, die damit in Berührung gekommen sind. Drei verschiedene Sorten von Patienten finde ich vor: Die erste Sorte gehört zu jenen, die das Faktum der okkulten Belastung zum Alibi ihrer fehlenden Eigenverantwortung machen, also ihre bösen Taten mit einer Besetztheit erklären wollen. Die zweite Sorte zählt zu jenen, die auf Grund von voreiligen und fundamentalistisch ausgerichteten Erklärungen für dämonisch behaftet erklärt wurden, obgleich sie es nicht sind, ihre daraus entstandene Angst führt sie zu mir. Und die dritte Sorte betrifft die wirklich okkult Geschädigten. Hier zu differenzieren, bedarf wahrhaft der Gabe zur Unterscheidung der Geister.

Was machen die Leute denn nun genau? Wer oder was wirkt da? Wo liegen die Gefahren? Welche Bedürfnisse stecken hinter diesem Tun? Und schließlich: Was sagt die Bibel dazu? Was können wir tun?

Von Neugier getrieben, oft dem Gruppenzwang erlegen, finden sich Menschen aller Altersschichten, die mittels Tisch- oder Gläserrücken, mittels automatischem Schreiben oder mit Hilfe eines Mediums Kontakt mit jenseitigen Mächten (Geistwesen, sogenannte Meister, Verstorbene) aufnehmen wollen. Sie suchen Antwort auf ihre (meist banalen) Fragen, wollen sich gegen Unglück absichern, dem lieben Gott sozusagen in die Karten gucken. Und hier liegt auch schon einer der wesentlichen Gründe für solches Tun: mangelndes Vertrauen zu Gott, existentielle Ängste, Schicksalsschläge, Enttäuschungen durch die Kirche, die den Menschen in vielen

Fragen der Spiritualität und Gotteserfahrung alleingelassen hat. Mancher will sich absichern oder auch nur »gnostische« Erkenntnisse gewinnen; er möchte *Erfahrungen* machen. Manch einer glaubt, die bösen Mächte überlisten zu können, bekommt aber dann die Geister, die er rief, nicht mehr los. Die affektiv besetzte Diskussion um dieses Thema fordert höchst nüchterne, sachliche Bewertung, was kein Wegdiskutieren etwa vorhandener Geister bedeutet. Doch lassen sich die meisten Phänomene ganz natürlich erklären, nämlich mit der Eigendynamik seelischer Kräfte, die bei solchen Praktiken freigesetzt werden können. Nicht Geister sind es, sondern psychische Energien der anwesenden Menschen. Das belegen genügend Experimente. Diese Tatsache mag ernüchtern, verringert aber in keiner Weise die damit verbundenen Gefahren. Das schließt nicht von vornherein aus, daß Geistwesen tätig werden können. Die Toten jedoch schweigen. Und wenn einer seine verstorbene Oma ruft, kann er gewiß sein, daß sie nicht kommt. Da kommt entweder ein Geist des »Zwischenbereichs«, wie es in Epheser 6,12 heißt, oder die Personifizierung (Projektion) der eigenen Phantasie. Die in der Geisterbeschwörung gewonnenen Erkenntnisse stammen aus dem Unterbewußten, das Erinnerungen aus frühesten Tagen speichern kann, oder aus freigewordenen hellseherischen (paranormalen) Gaben. Aus eigener Beobachtung, aber auch aus der Literatur sind mir keine Fälle bekannt, in denen heilende, wirklich hilfreiche oder sonstwie aufschlußreiche Wirkungen aus diesen angezapften spiritistischen Quellen gekommen wären. Wenn ich mir die Langzeitokkultisten und Satanisten anschaue, erkenne ich labile Persönlichkeiten, die ihren Glaubensmangel mit der Anwendung magischer Praktiken kompensieren wollen, schlimmstenfalls Einfluß über Menschen zu gewinnen suchen.

Ob animistisch oder spiritistisch, die Gefahren lauern allemal. Zwar wird nur ein kleiner Teil der okkult Praktizierenden geschädigt, aber niemand weiß vorher, ob er dazu gehört. Dieses Tun kann latente Psychosen wecken, die Persönlichkeit verändern, Ängste erzeugen, abhängig machen. Manche hören Stimmen, die nicht selten zum Suizid auffordern; andere sehen Geister, erfahren eine schleichende Gebetsabwehr oder bekommen immer wieder neue psychosomatische Krankheiten. Nicht immer muß der Betroffene selber aktiv im Okkultbereich tätig gewesen sein; Verwünschungen, sogenannte Übertragungen und die okkulte Beschäftigung der Verwandten reichen mitunter aus, um ähnliche Wirkungen zu zeitigen. Man ist geneigt, derartige Behauptungen in das Reich der Märchen und Mythen zu verweisen, doch seriöse Forscher, Missionare und Seelsorger, die sich seit Jahren damit beschäftigen, wissen mehr.

Ich bin gegen eine fundamentalistische Deutung, die allüberall den Satan wittert. Wer solche *Dämo*-kratie betreibt, unterscheidet nicht mehr, sondern offenbart selber eine versteckte magische Glaubenshaltung. Wer also unbesehen Homöopathie, Irisdiagnose, autogenes Training, Eutonie, Hypnotherapie, Akupunktur und Wünschelrute in den Bereich dämonischer Mächte stellt, hat entweder von der Materie keine Ahnung oder leidet unter tiefliegenden Ängsten. Auch ist nicht jedes Yoga problematisch; die Atemübungen des Hatha-Yoga sind durchaus vertretbar. Wirkliches Yoga, also im Sinn einer Ausschaltung aller Bedürfnisse oder einer Verbindung mit kosmischen Geistern, wird an den Volkshochschulen nicht gelehrt. Nicht alles, was unerklärbar ist, gehört dem Teufel. Da hat Gott noch ein Wörtchen mitzureden. Ich denke an einige Klosterschwestern, die mittels einer Wünschelrute Wasser im Garten fanden und einen Brunnen bauen konnten. Dieser Fund brachte sie zum Lobpreis Gottes. Ein Glück, daß keine der Schwestern bislang an Depressionen oder anderen schwerwiegenden Erkrankungen leidet. Fundamentalistisch geprägte Christen hätten das sicher mit der Wünschelrute in Verbindung gebracht und darin einen Beweis für dämonisches Wirken gesehen. Es sollte aber auch einmal bedacht werden, ob nicht diese Fähigkeit, die schon vielen zu besseren Schlaf- und Arbeitsstellen verholfen hat, in die Gaben Gottes einzureihen ist. Mißbrauch ist immer möglich. Aber eine pauschale Zuweisung der Wünschelrutengänger in die dämonische Ecke halte ich für einen Mangel an Sachwissen, an Vertrauen zu der reichhaltigen Schöpfung Gottes und an Unterscheidungsgabe.

Zu einem anderen Punkt: Wer weiß schon, daß jede Mutter, die ihr Baby in ihren Armen hält und es singend in den Schlaf wiegt, eine klassische Hypnose macht? Kann man da nun behaupten, daß diese Mutter Okkultismus betreibt? Keine Angst vor seriösen Hypnotherapien. Ich darf mir ruhig vorher den Therapeuten anschauen: Wes Geistes Kind ist er? Kann ich ihm vertrauen? Allerdings warne ich vor den Showhypnotiseuren, die meist keine fachliche Ausbildung genossen haben und auf Kosten ihrer Opfer das Publikum erheitern. Ich bin einmal von einem Diskothekenbesitzer zu Hilfe gerufen worden. Ein Showhypnotiseur hatte ein junges Mädchen in Trance versetzt und bekam sie nun nicht mehr heraus. Unter beachtlichem Aufwand meiner Kräfte und Fachkenntnisse gelang es mir, die Diskobesucherin in einem Nebenraum wieder zur Besinnung zu bringen.

Alkohol kann abhängig machen, wenn er mißbraucht wird. Ist er deshalb schon vom Teufel? Oder bleibt er nicht eine Gabe Gottes, mit der man verantwortlich umgehen muß? Wirklich dämonische Tricks sehe ich darin, daß immer mehr

»aufgeklärte« Leute die Existenz Satans leugnen, sie in den Bereich des »archetypischen Materials« stellen. Hier lacht sich Satan ins Fäustchen. Manch einer hat vielleicht nur Angst, seinen biblischen Glauben zu bekennen. Und mit der Angst ist der Anfang einer Verunsicherung und Glaubensverfälschung gesetzt. Daß die Irrtümer immer perfekter und die Erkenntnisse der Fehler immer embryonaler werden, ist einer der gelungensten Schachzüge Satans. Mir ist ein Priester bekannt, der auf Grund seines gut bezeugten und erfolgreichen Befreiungsdienstes von seinem vorgesetzten Mitbruder für geisteskrank erklärt wurde. Er kam durch die Erfüllung des Auftrags Jesu in Mk 16,17 f. in arge Bedrängnis, nicht zuletzt deswegen, weil er an die Existenz dämonischer Mächte glaubte. Angesichts solcher Vorkommnisse wird mir deutlich, wie sehr Satan sogar in der Kirche und in den Reihen der Priester Feindschaft stiftet. Und wenn ich mich so umschaue im Land, kann ich sagen, daß dies erst der Anfang der Verwirrung ist. Die wachsende destruktive Kritik an Papst und Kirche, das hämische Gelächter über Christen, die ihren Glauben und über alle Mängel hinweg auch ihre Kirche verteidigen, sowie die Leugnung biblischer Offenbarungen sind Zeichen einer neuheidnischen Ära.

Wenn heute soviel von Esoterik die Rede ist, sollte man nicht gleich erschrecken und jedwede »Hexe«, »Heilerin« oder »Edelsteintherapeutin« dämonisieren. Schließlich liefert uns die hl. Hildegard von Bingen eine Fülle esoterischer Kenntnisse, die der Heilung dienen. Die Menschen heute suchen die verlorengegangene Naturverbundenheit. Gewiß darf dies nicht zu einer neuen Religion werden, zu einer christlich verbrämten, in Wahrheit aber neuheidnischen Orientierung nach Selbsterlösung. Die Schöpfung Gottes birgt noch viele unerkannte Heilkräfte. Könnte es da nicht sein, daß der Teufel uns ein Schnippchen schlagen will, indem er uns weismacht, diese Kräfte seien allesamt *sein* Potential? Unwissenheit und Angst sowie eingeengtes biblisches Verständnis sind keine guten Voraussetzungen für differenziertes und vielleicht auch gelassenes Urteilen.

Was sagt die Heilige Schrift?

Jede magisch durchsetzte Handlung ist verboten. Jedes spiritistische Tun wird bestraft. Allein den Priestern, Propheten und Sehern ist es gestattet, Orakel zu empfangen (Dt 33,8; 18,5; 1 Sam 9,9). Totenbeschwörungen, Wahrsagerei, Bannungen, Sterndeuterei (im Sinn einer schicksalhaften Bestimmung oder Vorhersage) werden mit Depressionen bestraft (Dt. 18,10 ff. und Is 8,22). Paulus verbietet einem Mädchen die Wahrsagerei (Apg 16,16), Jesus treibt wiederholt Dämonen aus. Wenn die dämonischen Wirkungsweisen nur innerseelische Vorgänge gewesen wären, hätte Jesus wohl die Menschen aufgeklärt. Im übrigen war der Dämonenglaube zur Zeit Jesu keineswegs so allgemein verbreitet wie man gern anzunehmen geneigt ist. Daß Jesus den Dämon persönlich ansprach, erschreckte die Leute. Wäre Satan lediglich als Bild oder als literarische Figur zu verstehen gewesen, so wäre das von Jesus nicht unwidersprochen geblieben. Der Gegenspieler Gottes ist personale Macht und kein Defekt im Stoffwechsel.

Anders ist dies bei paranormalen Vorgängen. Sie sind wertfreie Geschehnisse, die man in den Kontext des Gesamtgeschehens stellen muß. Ob eine Levitation (Schweben) während des Gottesdienstes bei Pater Pio zu beobachten ist, oder ob eine Levitation bei der ehemaligen englischen Hexenkönigin

Doreen Irvine vorliegt, ist ein Unterschied. Im ersten Fall ist sie eine nicht gemachte, sondern von Gott geschenkte zeichenhafte Gabe; im zweiten Fall ist sie eine magisch hervorgebrachte Demonstration der eigenen Macht. Beides ist ja gut durch Zeugen bestätigt. Und wenn ein hl. Pfarrer von Ars die verschwiegenen Sünden erkennt, so ist dies verschieden von der Gabe des Hellsehens bei irgendwelchen Wahrsagern. Hier muß unterschieden werden mit Hilfe bestimmter Kriterien, die wir kennen sollten.

An dieser Stelle möchte ich eine Bemerkung über die paranormalen Heilkräfte machen, die viele Menschen haben und kostenlos einsetzen. Es ist unsinnig, von vornherein Heilmethoden abzulehnen, weil sie nicht in das bekannte Konzept passen. Wenn diese Heiler betende und gläubige Christen sind und wirklich nach Gottes Geboten leben, frei von Selbsterlösungsideologien, von Karmadenken und spiritistischen Ingredienzien, dürfen wir bei ihnen eine Gabe Gottes vermuten. Der Geist Gottes weht, wo er will und wie er will. Verborgene, im Menschen wirkende Kräfte, die der normalen Erfahrung unzugänglich sind, haben ihren direkten Ursprung nicht in widergöttlichen Mächten, sondern sind eine »übersinnliche«, zur Schöpfung Gottes gehörende Wirklichkeit, z. B. Heilkräfte, parapsychische Vorgänge und andere außergewöhnliche Dinge. Gott hat weitaus mehr Möglichkeiten zur Heilung als wir ahnen. Wo aber das Mitwirken Verstorbener eine Rolle spielt, wo geheime Formeln gesprochen oder Kräfte mittels magischer Rituale angezapft werden, betritt der Mensch verbotenen Raum. Die Früchte des wahren Geistes sind Friede, Freude, Dankbarkeit, Lobpreis und Anbetung Gottes.

Zur Unterscheidung der Geister

Ignatius von Loyola und die geistlich erfahrenen Wüstenväter haben uns eine Fülle von Unterscheidungsmerkmalen gegeben. Ich will hier nur einige aufzählen, die für den pastoralen Gebrauch nützlich sind.

1. Jedes gute Tun hinterläßt auf Dauer inneren Frieden. Unruhe, Ängste und Zweifel sind nicht von Gott.

2. Jedes gute Tun führt mich tiefer zu Gott hin, tiefer ins
Gebet. Abwehrhaltungen, Verflachung im Gebetsleben und
Desinteresse sind Alarmzeichen.

3. Das rechte Handeln und Beten ist einfach, durchschaubar,
frei von kompliziertem Brimborium. Wenn also jemand geheime Formeln benutzt oder eine bestimmte Reihenfolge einhalten muß, damit es »funktioniert«, bewegt er sich auf einer
falschen Bahn.

4. Das rechte Tun macht nicht abhängig; die Gewissensfreiheit bleibt gewahrt. Es liegt auch keine Gebundenheit an
Menschen vor.

5. Wer sich an der Heiligen Schrift orientiert, handelt richtig.
Nun ist nicht alles in der Bibel erwähnt, was wir gern wissen
möchten, z. B. die Frage des Pendelns. Hier müssen persönliches Gespür, Maß, Motiv und Methode beachtet werden.
Im Zweifelsfall zugunsten Gottes. In dubio pro deo.

Pastorale Hilfen

Krankheitsbilder, die sich nach okkulten Handlungen einstellen und trotz medizinischer oder psychotherapeutischer
Behandlung bleiben, müssen geprüft werden. Eine genaue
Anamnese und Beobachtung, notfalls unter Zuhilfenahme

von Zeugen, sind vonnöten. Wenn Symptome wie Gebetsabwehr oder Lästerzwang, Hellsichtigkeit gegenüber verborgenen sakralen Gegenständen, starkes Zittern und Schütteln während des (stillen) Betens, Fratzenschneiden und Aufforderungen zu autoaggressiven Handlungen vorliegen, handelt es sich *möglicherweise* um eine okkulte Belastung. Der Betroffene weiß, was er denkt und tut, im Unterschied zu Psychotikern. Es wäre zu prüfen, ob man nicht einen Hysteriker oder Psychopathen vor sich hat. Wie gesagt, eine hundertprozentige Gewißheit erlangt man selten.

Es empfiehlt sich, nicht im Alleingang eine Therapie vorzunehmen. Das Gebet um Befreiung, das im übrigen schlicht und ohne suggestive Elemente vorzutragen ist, sollte von einer kleinen Gruppe stabiler und verschwiegener Christen beharrlich mitgetragen werden. Die Erfahrung zeigt immer wieder, daß hartnäckige okkulte Erkrankungen trotz parallel verlaufender ärztlicher Behandlung meist erst nach ebenso hartnäckigem ausdauerndem Gebet verschwinden.

Echte Besessenheit darf nur von einem bischöflich beauftragten Priester exorziert werden. Sie kommt selten vor und hält der Diagnose »Hysterie« nicht stand.

Tritt nach den Gebeten eine endgültige Heilung ein, so ist dies kein Beweis dafür, daß die Erkrankung durch dämonische Mächte verursacht wurde. Es kann sich um eine Spontanremission handeln oder um eine suggestiv bedingte Heilung. Es können infolge der intensiven Zuwendung Selbstheilungskräfte geweckt oder von unbekannten Faktoren ausgelöste Stoffwechseländerungen hervorgerufen worden sein, was ein göttliches Wirken nie ausschließt. Genaues kann man nicht wissen. Aber aufrichtiges Beten ist immer angeraten.

Es gibt falsche Heiler, die sich einen sehr frommen Anschein geben und auch den Namen Jesu anrufen. Doch das allein reicht nicht. Solche falschen Heiler werden von Jesus abgelehnt, weil sie nicht nach seinem Willen leben (Mt. 7,21 ff.); auch die Apostel hatten Ärger mit Leuten, die im Namen Jesu Kranke heilen und Dämonen austreiben wollten (Apg 19,13).

Der diagnostische und therapeutische Umgang mit Patienten erfordert Weisheit und Demut, aber auch Mut, sich den Vorwürfen der »Klugen dieser Welt« auszusetzen. Darum sollte jeder Seelsorger und Arzt täglich um den Schutz Gottes und die Gaben des Heiligen Geistes bitten, aber auch stets um fachliche Weiterbildung bemüht sein.

Reinkarnation: Selbsterlösung

Immer mehr Menschen, auch Christen, glauben an die Reinkarnation, die Wiedergeburt auf Erden. Sie hoffen, sich dadurch sittlich zu vervollkommnen, also ein gutes »Karma« zu produzieren, um eines Tages endlich von diesem Rad der Wiedergeburt erlöst zu sein.

Doch ist diese Auffassung von der Seelenwanderung falsch. Die buddhistisch-hinduistische Sicht von Karma und Reinkarnation hat im Ursprung niemals gelehrt, daß der Mensch durch ein einwandfreies Leben ein gutes Karma erzeugen sollte. Vielmehr sollte der Mensch gar kein Karma erzeugen. Hier haben sich westliches Denken und östliche Lehre vermischt. Denn was da wandert, ist nicht die individuelle Seele, sondern das unpersönliche »Atman«. Und das sorgt nicht für ein persönliches Weiterleben. Selbst die Götter unterliegen diesem Karma-Gesetz.

Die Lehre von der Reinkarnation ist kein Heilsweg, sondern eher eine Daseinsanalyse. Durch Yoga will man diesem endlosen und unerfreulichen Kreislauf entgehen, indem man durch Bewältigung aller Stufen zum Nirwana, zum Nichts gelangt, das heißt zur Verschmelzung mit der Allseele. Während der Hinduismus meint, jeder müsse sein eigenes Schicksal ertragen und demzufolge seine Fehler wiedergutmachen, kennt der Buddhismus die stellvertretende Sühne durch freiwilliges Ertragen fremder Karmas. In diesem Punkt fand eine Aufweichung des Buddhismus statt und eine gewisse Annäherung an die christliche Lehre, nach der Christus selber das Karma der Welt trägt.

Gemeinsam ist beiden die Erkenntnis, daß der Mensch erntet, was er gesät hat, jedoch nicht in einem immer wiederkehrenden Kreislauf, sondern in einem einmaligen Leben. »Es ist dem Menschen gesetzt, einmal geboren zu werden und dann zu sterben!« (Hebr 9,27)

Doch sehen viele Menschen in der Reinkarnation eine plausible Erklärung für das Leid in der Welt. Es muß offenbar die Folge eines schuldhaften früheren Lebens sein. Die Vermutung der Apostel, daß der Blindgeborene auf Grund eigener oder elterlicher Schuld so geboren wurde, wies Jesus vehement von sich. Und auch die Stelle bei Mt 17,12 ist kein Beweis für die Reinkarnation: »Ich sage euch, Elia ist schon gekommen und niemand hat ihn erkannt...« Hier ist vielmehr gemeint, daß die Kraft und der prophetische Geist des Elia in Johannes dem Täufer gekommen ist. Johannes selbst hat verneint, Elia zu sein, der übrigens nach biblischer Auffassung mit Leib und Seele in den Himmel entrückt wurde, also gar nicht noch einmal inkarnieren kann.

Der Gedanke der Wiedergeburt war in der Kirche so unbedeutend, daß man nicht öffentlich dagegen ankämpfen mußte. Die Behauptung, in frühen Bibeltexten habe ein solcher Gedanke seinen Platz gehabt und sei von der Kirche gestrichen worden, trifft nicht zu. Wahr ist, daß gnostische Gruppen im frühen Christentum die Reinkarnation lehrten; sie trennten sich aber bald von der Kirche.

Die Idee von der leiblichen Wiedergeburt ist im Osten ein Alptraum, im Westen ein Fortschrittsoptimismus, der die Gemüter verwirrt. Auch die angeblichen Beweise von Erzählungen im Zustand tiefer Hypnose (sogenannte Regressionshypnosen) stehen auf schwachen Füßen. Da berichten Menschen von ihrem früheren Erdenleben und haben nun endlich eine Erklärung für ihr Muttermal (dort traf sie eine Gewehrkugel), für ihre chronischen Halserkrankungen (sie wurden enthauptet) oder für ihre Kopfschmerzen (jemand verletzte sie am Kopf).

Daß hier vielmehr Wissen ihrer Vorfahren, ähnlich wie Begabungen, auf genetischem Weg weitertransportiert und in der Trance freigelegt werden kann, oder daß Erinnerungsfetzen früh erworbener Informationen konfabuliert (zusammengedichtet) werden, wollen die Verfechter der Reinkarnation nicht wahrhaben. Ich selbst habe vor 20 Zeugen einen siebzehnjährigen Schüler in Hypnose versetzt und dann den vorgeburtlichen Zustand suggeriert. Er krümmte sich wie ein Embryo zusammen. Nach der Suggerierung einer präphysischen Existenz forderte ich ihn auf, sich zu erinnern. Er gab bruchstückhaft gespeicherte Lektüre preis, wie nachweislich später herauskam. Er schilderte sein Leben in Frankreich, sprach altfranzösisches Vokabular, war überzeugend. Durch Zufall entdeckte ich die Geschichte im Buch »Der Löwe von Lurs«, in dem der Mordfall Gaston Dominici geschildert wird. Außerdem las er von einem leeren Blatt eine komplette Geschichte ab und vollbrachte noch andere verblüffende Bravourstückchen. Paranormale Phänomene sind nicht immer auszuschließen. Meine Erfahrungen zeigen immer wieder, daß gerade hysterisch strukturierte Personen eine besonders starke Suggestibilität aufweisen und sich unbewußt gut in Szene setzen können.

Wenn die Bibel von der Wiedergeburt spricht, dann nur im Sinn der Neugeburt aus dem »Wasser und dem Heiligen Geist« (Joh 3,5). Gewiß ist der Gedanke der Reinkarnation attraktiv: Er bewahrt vor einer möglichen Verdammnis und macht mich unabhängig von irgendeinem Gott. Ich kann alles selber in die Hand nehmen, allein ausgeliefert der blinden Automatik von Lohn und Strafe. Vergebung und Gnade gibt es da nicht.

Anhänger zitieren gern den Kirchenvater Origenes, der in seinem Werk »peri archon« (Über den Ursprung) angeblich die Reinkarnation gelehrt habe. Das ist falsch. Er lehrte die Inkarnation der präexistenten Seelen: Gott schuf im Anfang alle Seelen gleichzeitig und wies ihnen je nach ihrer Treue die Körper von Engeln, Dämonen, Menschen oder Tieren zu. Er lehrte nie die Wiederkehr der Seelen. Das Konzil von Konstantinopel 553 hat diese Vorstellung von der gleichzeitigen Erschaffung der Seelen verworfen.

Jesus hat uns erlöst durch seinen Tod und seine Auferstehung. Dieser geschichtlichen Tatsache schenke ich mehr Glauben als einer widersprüchlichen Idee, die merkwürdigerweise im Zusammenhang mit Okkultismus, mit New Age, mit neugnostischen Lehren eine Neuauflage erlebt. »Noch heute bist du mit mir im Paradies«, sagte Jesus zum Verbrecher rechts neben ihm. Er sagte nicht: »Heute noch bist du bei mir, morgen aber mußt du reinkarnieren!« Wer sich bewußt auf Gott ausrichtet, braucht keine Methoden zur Selbsterlösung; er wird auf die Gnade Gottes bauen, denn »wenn einer zu mir kommt, werde ich ihn nicht wegschicken« (Joh 6,37).

Religiöse Fehlhaltungen durch falsche Gottesbilder

Für gewöhnlich sucht keiner wegen neurotischer Formen in seinem religiösen Denken und Tun den Psychologen oder Priester auf. Er wird nämlich von der Richtigkeit seiner geistlichen Haltung überzeugt sein und allenfalls erst dann eine Hilfe in Anspruch nehmen, wenn Leidensdruck entsteht. Religiöse Deformationen wie Fanatismus, übertriebene Leistungsfrömmigkeit, masochistische Leidensbereitschaft, Bigotterie und pseudomystisch bedingte Weltverneinung sind Auswüchse tiefliegender Ängste. Solche Menschen scheinen selbstverloren und der Welt entrückt zu sein, sind tatsächlich aber sehr ichbezogen, weil sie aus eigener Kraft ihre Erlösung sichern wollen. Sie sind Sklaven eines falsch verstandenen Gottes, der ihnen das Leben nicht zu gönnen scheint. Was sich als Demut darstellt, ist nichts anderes als verkappter Hochmut, der unbewußt den selbstgestellten Forderungen genügen möchte. Durch die Übertreibung des Guten wird das Gute nicht besser; aber der Mensch läuft Gefahr, selbstgerecht und besserwisserisch zu werden. Im extremen Fall glaubt er, als Prophet mit starkem Sendungsbewußtsein auftreten zu müssen.

Solche Deformationen sind stets an einen hysterischen, zwanghaften, depressiven oder schizoiden Charakter gebunden. Im Umgang mit diesen Menschen lassen sich die religiösen Verzerrungen rasch erkennen; da sie aber mit einem hohen moralischen Anspruch verbunden sind, der das schwache Selbstwertgefühl stabilisieren soll, bleiben sie meist therapieresistent.

Der Begriff »Sühne« ist sehr belastet und weckt in vielen

Menschen Abwehr. Außerhalb der Sühnetat Jesu gibt es keine biblischen Hinweise auf den Auftrag, stellvertretend für andere zu leiden. Und dennoch liegt es in der Natur des liebenden Menschen, für einen anderen in die Bresche zu springen, wie das zum Beispiel Pater Maximilian Kolbe getan hat. Verliebte sind immer imstande, füreinander einzustehen, notfalls ihr Leben herzugeben. Dies ist und bleibt aber nur legitimiert durch die Liebe. Andere Motive, wie etwa eigene Schuld in maßloser Leistungsfrömmigkeit abbüßen oder sich durch Verzicht und Askese seine Lebensberechtigung verdienen zu wollen, sind abzulehnen, weil hier ein falsches Gottesbild zugrunde liegt. Die Möglichkeit, sich durch büßerische Akte ein Gefühl der Überlegenheit zu sichern, kann für schwache und fromme Seelen zu einer Gefahr werden. Es mag eine Berufung zur Sühne geben. Doch die Gefahr ist groß, daß narzißtische und introvertierte Personen an nichts anderem interessiert sind als an einer raschen Abtragung von Schuldgefühlen. Solche »Frommen« erscheinen matt und blaß; sie wollen die Vollkommenheit erstreben, indem sie Ängste, Schwächen und manche Ungereimtheiten beiseiteschieben. Wenn einer betet, fastet oder seine Krankheit Gott hinhält in der gläubigen Gewißheit, dadurch geistliche Kräfte zu wecken, die Gott zur Verwirklichung seiner Pläne gebrauchen kann, so ist das akzeptabel. Wenn er dadurch zu einem gelösten und lebensbejahenden Menschen wird, hat er das Kriterium der Echtheit erfüllt. Und genau daran wird man ihn messen.

Der hysterische Charakter

Wir begegnen ihm auf dem religiösen Gebiet sehr häufig. Denn der Hysteriker hat Angst vor dem Verlust der Geborgenheit und Sicherheit. Er klammert sich an Menschen fest, sucht bei Gott festen Halt, wird rasch erregt und kann, da emotional stark ansprechbar, überaus begeistert oder ängstlich reagieren. Wird die Angst verdrängt, so schlägt sie sich auf psychosomatische Weise nieder: Der seelische Konflikt konvertiert zu einem körperlichen Handicap. Man spricht dann von einer Konversionshysterie. So kam einmal ein siebzehnjähriger Schüler zu mir, der plötzlich nichts mehr sehen konnte, obgleich keinerlei Gewebszerstörung vorlag. Das Malheur begann an dem Tag, an dem sich ein hübsches Mädchen in der Klasse neben ihn setzte. Der ständige Anblick dieser jungen Dame, die bewußt mit ihren Reizen kokettierte, irritierte den Jungen derart, daß er Gewissensqualen litt und sich ständig zwang, nicht hinzusehen. Seine religiöse Erziehung ermöglichte es ihm nicht, anders als durch Wegschauen damit fertig zu werden. In dieser Not arrangierte das Unterbewußte eine organisch nicht greifbare, eben hysterische Erblindung, die interessanterweise nur im Schulbereich andauerte. Wir sehen also, wie geschickt die Psyche körperliche Maßnahmen ergreift, um eine moralische Qual zu umgehen.

So mancher, der sich als Prophet aufspielt und die Umwelt dramatisch beeindruckt, ist eher von hysterischer Art. Jeder richtige Prophet wehrt sich gegen diese Rolle. Wer sie aber allzu leicht und gern spielt, verrät eher psychische Defekte als echte Berufung.

Es ist nicht auszuschließen, daß das »Ruhen im Geist«, das in manchen Heilungsgottesdiensten zu beobachten ist, hie und da Zeichen einer hysterischen Bewußtseinsstörung sein kann. (Das wäre dann aber immer noch kein Grund, es im okkulten Bereich einzuordnen, wie das der evangelikale Pfarrer Kurt E. Koch tut.) Hysteriker haben ein starkes Geltungsbedürfnis; sie neigen dazu, Erfahrungen aller Art zu dramatisieren. Selbsterfahrung und Gotteserfahrung werden leicht verwechselt; eigene Wünsche werden schnell zu Gottes Wünschen. Sie brauchen eine verbindliche Orientierung, ein starkes Gegenüber, das ihnen Halt gibt und Grenzen setzt.

Der zwanghafte Charakter

Hier ist die Grundstruktur »Angst« sehr deutlich. Der zwanghafte Mensch will sich absichern und schützen. Deshalb hält er auch so starrsinnig an Prinzipien und Formeln fest; nichts wäre schlimmer als eine Wandlung der eigenen Persönlichkeit. Ihm ist ein magisches Denken zu eigen: Die Absicherung durch Regeln, Gebote und althergebrachtes Ordnungsdenken hilft ihm Ängste zu binden. Der Zwang, hundertmal die Türen und Wasserhähne zu kontrollieren, Gebete endlos zu wiederholen, die Autos auf der Straße zu zählen oder zehnmal ein Wort zu denken, bevor der nächste Schritt getan wird, dient dem Gefühl, das Leben nun angstfrei leben zu können, wenigstens für die nächsten paar Stunden. Dann kommt nämlich der nächste Zwangsimpuls. Waschzwänge verdeutlichen besonders eindringlich, wieviel Arrangement und Umständlichkeit nötig ist, um die alte Ordnung wiederherzustellen. Schuldgefühle können damit für kurze Zeit weggewaschen werden. Das magische Denken verzerrt die Welt und das Bild Gottes. Fanatische Frömmigkeit und ein Hang zum Dogmatismus kennzeichnen den religiösen

Zwangsneurotiker. Zweifellos ist er vorsichtig, zielbewußt, konsequent. Er ist es jedoch in einer unerlösten Weise, weil er letztlich kein Vertrauen zu Gott hat. Man kann sagen: Je weniger Vertrauen er hat, desto mehr Starrheit und Regeltreue lebt er. Die Angst, schuldig werden zu können, liegt tief und bedrohlich in ihm. Glaubenskämpfe können Krisen hervorrufen; deshalb tut er alles, um sie zu vermeiden. Und die beste Vermeidungshaltung ist das starre Festhalten an Traditionen. Da weiß man, was man hat.

Der zwanghafte Christ ist stets überfordert. Seinem Glauben fehlt die Dynamik, die Freiheit dessen, der nicht mehr Sklave, sondern Kind Gottes ist. Im Alltag ist er ein angepaßter, frommer, unauffälliger Mensch. Aber im Augenblick der Entscheidung, des Glaubensbekenntnisses, begibt sich die Angst in die Tiefe seiner Seele; jetzt ist er der Fundamentalist, der über Himmel und Hölle bestimmt. Er missioniert seine Umwelt in einer angstmachenden, engen und buchstabengetreuen Weise, die mehr einstecken als anstecken will.

Ein älterer Herr suchte mich eines Tages auf. Er war völlig verzweifelt. Bislang hatte er sich redlich bemüht, sein Leben als Christ mit Frau und einem behinderten Sohn zu leben. Jetzt verkündete ihm ein Mitglied seiner Gemeinde, daß er an der Behinderung seines Sohnes Schuld habe. Im Gebet, so schrieb ihm jener Mitmensch, sei er von Gott beauftragt worden, ihn zur Umkehr aufzufordern. »Ich, der Herr, werde dein Herz verstocken, wenn du nicht umkehrst. Ich werde dich vernichten, wenn du mich ablehnst.« Der Brief hatte als Leitwort den Vers aus Ps 103,8: »Barmherzig und gnädig ist der Herr, geduldig und von großer Güte.« Der angeprangerte Tatbestand ist es nicht wert, hier genannt zu werden. Als ich dem Herrn sagte, daß Gott keine Angst macht und daß er auch durch die angeborene Behinderung eines Kindes nicht straft, beruhigte er sich etwas. Allerdings durfte der Schreiber nicht erfahren, daß sein Gemeindemitglied einen Psychologen aufgesucht hatte. Denn »ein wahrer Christ braucht keinen Psychologen. Er hat Jesus.« Solche Haltungen widersprechen der Bibel, die im Arzt ein Werkzeug Gottes sieht (Sir 38 und 39). Und für Arzt kann jeder ausgebildete Heilkundige stehen. Der zwanghaft Fromme will alles richtig machen. Dabei kritisiert er, die eigene Unruhe nach außen verlagernd, die anderen und will sie verbessern. Oft tut er Frommes, um sich die Erkenntnis vom Leib zu halten, daß er gar nicht so fromm ist, sondern nur sich selbst sucht, seine eigene Sicherheit und Rechtfertigung. Seine Nähe zum Fanatismus ist verdächtig. Für ihn ist Ungewißheit ein unerträglicher Geisteszustand, weshalb er zum Dogmatismus neigt. Der wirkliche geistliche Mensch kennt Ungewißheit. Da bleibt zu hoffen, daß Gott diesen Menschen an seinen Nullpunkt führt; denn nur die Erfahrung des Scheiterns eigener Leistungen ermöglicht den Durchbruch der Gnade. Menschen mit einer bürokratischen Gläubigkeit sind in erster Linie *gegen* etwas; sie kämpfen zu selten *für* etwas. Eine solche Kämpfermentalität wirkt düster und abstoßend.

Eine Therapie ist nur möglich, wenn Einsicht in die Verkehrtheit dieser Haltung vorhanden ist.

Der depressive Charakter

Ein Neurologe sagte mir einmal, er könne ziemlich rasch die »gut katholischen Christen« in seiner Klientel erkennen. Sie seien depressiver als die anderen, weil sie sich so verbissen um Vollkommenheit bemühten. Ich bin geneigt, meinem Kollegen recht zu geben. Jede Anstrengung aus eigener Kraft, heilig werden zu wollen, führt zur Resignation oder zur Depression. Es ist vornehmlich die damit verbundene Verdrängung elementarer Gefühle wie Zorn, Angst, Schuld, Trauer, die sich der Betreffende nicht zugestehen möchte. Er meint, solche Gefühle, wie auch sexuelle Bedürfnisse, seien schlecht und müßten beherrscht werden. Wenn es denn nur eine Beherrschung wäre! Es ist aber eher eine Unterdrückung, die im Namen Gottes geschieht. Wo die Expression einer Impression fehlt, folgt die Depression, das heißt, wo einer seine Empfindungen und Bedürfnisse nicht artikuliert, kann es zu Unterdrückungen kommen. Solches aber ist nicht gottgewollt.

In der Tat: Die starken Anklammerungswünsche depressiver Menschen führen auch im religiösen Bereich zum Verlust der Selbstentfaltung und Originalität. Hinter einer Haltung großer Opferbereitschaft und Selbstlosigkeit steckt allzuoft die Angst, das Leben zu wagen; man könnte ja schuldig werden. Und weil depressive Menschen nicht schuldig werden wollen, tun sie alles, was andere von ihnen verlangen. Dabei werden sie schuldig dadurch, daß sie ihr eigenes Leben nicht leben. Schließlich kommt es vor, daß sie die verdrängten Aggressionen gegen sich selbst wenden und schlimmstenfalls sich das Leben nehmen, das heißt verweigern. Der gesunde Christ hat gelernt, sich zu wehren und sich mit seinen eigenen Schatten auseinanderzusetzen. Er weiß um die Barmherzigkeit Gottes, die ihm alle Versäumnisse und Schuld vergibt, sofern er sie bereut. Der Ängstliche und am Selbstwert Zweifelnde kann nicht glauben, daß Gott und die Menschen ihn so annehmen, wie er ist. Er will stets besser sein, angepaßter und aufopfernder, um sich Liebe zu verdienen. Bei einem solchen Kampf um Anerkennung und Lebensberechtigung bleibt kaum noch Energie für das eigentliche Leben übrig. Wer sich selber ständig schlecht macht, wird unbewußt von seiner Umwelt eine Entschädigung dafür einfordern. Bleibt sie aus, sieht er sich in seiner Ablehnung bestätigt.

»Ohne dich kann ich nicht leben«, mag er zum Partner sagen. Eine solche Liebe liebt, weil sie den anderen zum Überleben braucht. Groß muß die Angst vor der Ablehnung Gottes sein, wenn der Betreffende schuldig wird. Und wenn dann Schicksalsschläge kommen, werden sie als Strafe Gottes mißverstanden. »Geschieht mir nur recht so, ich habe es nicht anders verdient«, ist dann mitunter aus dem Mund derer zu hören, die ihre permanenten Schuldgefühle in der (Selbst-)Bestrafung unterbringen möchten. Sie suchen die Fehler nur bei sich und sind ständig mit sich selbst beschäftigt; manche haben infolge einer fehlenden oder erstickenden Elternliebe nie die Dankbarkeit üben können. Dankbarkeit ist ein sehr guter Schutz vor Depressionen, wenn ich jetzt einmal von organisch bedingten Depressionen absehe.

Nun hat die Depression viele Gesichter: Sie kann sich als zielloses Herumlaufen und stetiges Jammern äußern (agitierte Depression), als normales Stimmungstief nach besonders schmerzlichen Ereignissen (reaktive Depression), als Unselbständigkeit, die nach Bemutterung und Zuwendung giert (neurotische Depression). Sie kann sich auf allerlei körperliche Beschwerden fixieren, verbunden mit einer hypochondrischen Selbstbeobachtung (somatisierte Depression), sie kann auch als Folge hormoneller Umstellungen während der Schwangerschaft, nach der Geburt eines Kindes, in den Wechseljahren (hormonelle Depression) auftreten. Schließlich ist sie bei ausgepumpten, überarbeiteten Menschen häufig anzutreffen (Erschöpfungsdepression oder burn-out-Syndrom), oder sie verbirgt sich ganz unauffällig hinter einer fröhlichen, eher übertrieben heiteren Maske (larvierte Depression). Und chronische Antriebslosigkeit mit gelähmten Gefühlen ohne erkennbare organische Ursachen wird oft dem Syndrom der endogenen Depression zugeordnet. Die Symptomatik ist verwirrend, die Diagnose allzuoft unbrauchbar. Hinter vielen Formen verbirgt sich eine gelernte Hilflosigkeit, die durch das »Helfen« der Verwandten und Freunde weiterhin aufrechterhalten bleibt. Denn wirkliche Hilfe besteht darin, den Patienten die notwendigen Entscheidungen mit ihren Risiken selber treffen zu lassen. Er muß das Gefühl bekommen, krank sein zu dürfen. Alle Appelle an den Willen nutzen nichts. Mit aufmunternden Worten von der Gnade Gottes reden, die die Depression beseitigen wird, hieße, dem Depressiven die eigenen Empfindungen zu verbieten. Aber jede Ermutigung und jedes Einüben in das Vertrauen führen weiter. Es ist ein langsamer Prozeß, von Medikamenten begleitet, der durch Übernahme von kleinen Aufgaben und durch wiederholte Erfolgserlebnisse beschleunigt werden kann. Ich spreche jetzt von der sehr verbreiteten neurotischen Depression. Der Patient muß erkennen, daß nicht die Umstände, nicht die anderen schuld sind an seiner Misere; er ist es, der sein Depressivsein lebt, nicht die anderen, die ihn vielleicht unterdrücken. Er wird nicht erst dadurch liebens- und lebenswert, daß er etwas leistet; sondern er ist liebenswert, weil Gott ihn geschaffen, begabt und erlöst hat. Deshalb ist es hilfreich, die Begabungen und (vergrabenen) Interessen wachzurufen, mit Menschen in Kontakt zu treten, auch dann, wenn er »nicht weiß, worüber man dann reden soll«.

Nun gibt es im geistlichen Bereich eine von der Depression scharf zu trennende »Dunkelheit der Seele«, auch geistliche Trockenheit genannt, die vordergründig ähnliche Symptome aufweist. Therese von Lisieux hatte bis zu ihrem Tod darunter zu leiden. Auch hier kann es Suizidgedanken geben, die Unfähigkeit zum Beten oder zum Weinen, Gefühle der Trostlosigkeit und Verlassenheit. Gott, der keinen Menschen schlecht behandelt, mutet solche Zeiten denen zu, die in seiner besonderen Nähe stehen. Man kann sagen: Je näher einer bei Gott ist, um so mehr wird er von Gottes Licht geblendet. Ignatius von Loyola gibt uns drei Gründe an, warum ein Christ solche Zeiten der Dunkelheit erleidet:

1. Um unsere Treue zu Gott zu prüfen. Wie weit halten wir auch im Gefühl der Verlassenheit am Lobpreis und am Vertrauen fest?

2. Um uns klarzumachen, daß es nicht an uns liegt, fromme Gefühle, intensive Liebe oder Tränen herbeizubringen, sondern daß alles von Gott abhängt.

3. Um uns auf mögliche Sünden hinzuweisen, die seine Liebe schmerzen.

Manche Trockenheit ist eine selbstverschuldete geistliche Unterernährung.

In Gesprächen wird es immer wieder deutlich, wie einseitig depressive Mitmenschen ihren Glauben begreifen. Biblische Begriffe wie »die andere Wange hinhalten«, »wer sich selbst erniedrigt, wird erhöht« oder »wer mir folgt, nehme sein Kreuz auf sich« sind ihnen sehr geläufig. Aber nie haben sie von der notwendigen Auseinandersetzung gehört (Mt 18,15 ff.), vom fairen Streiten (Lk 17,3; Sir 19,3), vom Gutsein zu sich selbst (Sir 14,5 + 14 + 16) und vom Wuchern mit seinen Talenten (Mt 25,14 ff.). Würde die christliche Erziehung den ganzheitlichen, nicht nur den einseitigen Aspekt biblischer Aussagen beachten und mehr Vertrauen zu Gottes Großzügigkeit lehren (und vorleben!), so wären die Kliniken und die therapeutischen Praxen nicht so überlaufen.

Ich stelle fest: Viele Christen sind nicht erwachsen; in infantiler Gebundenheit suchen sie nach Liebe und Bestätigung, die sie durch Gehorsam und Aggressionsverdrängung zu erhalten hoffen. Ihr Verhältnis zu Gott ist ebenso wenig befreiend wie das zu ihren Mitmenschen; sie leiden an einem unberechenbaren, bedrohlichen Gottesbild, das ihnen schon von ihren Erziehern vorgelebt wurde.

Der schizoide Charakter

Menschen, die kontaktscheu sind und Angst vor emotionaler Bindung haben, rechnet man zu den schizoiden Typen. Das ist nicht etwa die Vorstufe zur Schizophrenie, sondern eine eigene Persönlichkeitsstruktur, die unverbindlich leben möchte und daher eher kühl und distanziert wirkt. Das emotional Fromme liebt dieser Mensch nicht; er zieht es vor, erst einmal skeptisch und ablehnend gegenüber Gefühlen zu sein. Er könnte ja enttäuscht werden, und das wäre sehr schlimm für ihn. Glaube ist für ihn eine rationale Sache. Sein Denken ist abstrakt, seine Gottesbeziehung affektlos. Weil er sich nicht geliebt fühlt, sucht er nach lockeren Kontakten, die ihm Angst machen, sobald der andere näher auf ihn eindringt. Deshalb bleibt er lieber ein Einzelgänger. So steckt er in einer Zwickmühle: Die Nähe meidend, sucht er sie. Er ist ein »Stachelschwein«, das sticht und aggressiv reagiert, sobald man ihm zu nahe kommt.

Manchmal kann die Aggression ein Mittel zur Herstellung von Kontakten sein: Es fällt ihm leichter, mittels Schimpfen, Zynismus, Ironie oder gar Schlagen Beziehungen herzustellen als durch Zärtlichkeit oder Komplimente. Solche Taktik bewahrt ihn vor der gefürchteten gefühlsmäßigen Bindung.

Er wurde als Kind wenig geliebt. Da gab es keine stabile Bezugsperson, die ihm Geborgenheit und Wärme gegeben hätte. Enttäuschungen und wiederholte Ablehnungen (oder Weiterreichen durch die Verwandtschaft) weckten Mißtrauen und Rückzugsgefechte.

Am ehesten hilft man ihm, wenn man ihm Zeit läßt und seine Rückzüge nicht als Ausdruck von Antipathie deutet. Appelle und Imperative wie »du sollst…« und »du mußt…« nutzen nichts.

Bei liturgischen Feiern bleibt er gern etwas abseits stehen, sozusagen am Rande der Gesellschaft. Er will nicht in Friedensgrüßen und durch Händchenhalten vereinnahmt werden. Nichts ist ihm verhaßter als das Heben der Hände beim Beten oder rührende Umarmungen. Handschweiß und Herzklopfen sind Ausdruck seiner Unsicherheit. Dennoch darf der Priester zu solchen Gesten einladen, nie aber Druck ausüben. Man darf sich nicht täuschen lassen von der coolen und lässigen Haltung, die manche Menschen zeigen, auch wenn sie provoziert. Sie ist eine nicht sehr glückliche Überkompensation von tiefer, oft unbewußter sozialer Unsicherheit.

Schlußbemerkung: Ich habe die vier neurotischen Grundhaltungen des Menschen beschrieben. Sie sind selten in reiner Form anzutreffen, sondern meist vermischt. Auch der »Normale« hat irgend etwas von jeder Struktur; das macht noch nicht das Neurotische im Persönlichkeitsbild aus. Erst die Betonung der einen oder anderen Verhaltensweise, die sich in Konfliktsituationen präsentiert, offenbart die Schwachstelle. Soziale und religiöse Über- oder Fehlanpassung, also auffällige Defekte in der Verarbeitung seelischer Konflikte, sind deutliche Hinweise eines Fehlens psychischer Ausgeglichenheit. Das kann sich auch auf den Körper niederschlagen.

Psychosomatische Störungen

Die Bibel berichtet uns mehrfach von seelisch bedingten Erkrankungen des Körpers. In Psalm 38 schildert David unterschiedliche Krankheitssymptome, die sich nach einer schweren Schuld und deren Verdrängung einstellten. Die genannten Symptome sind kein Zufall; sie haben eine organsprachliche Bedeutung, die in der bildhaften Umgangssprache des Volkes ihren Niederschlag gefunden hat. Herzflattern, Hautausschläge, Fieber, Rückenschmerzen, Sehstörungen und Depressionen werden aufgezählt; erst nach Bekenntnis und Reue findet die Heilung statt. In Psalm 32 heißt es: »Als ich meine Schuld verschwieg, wurde ich krank.« In der Tat: Wenn der Mund schweigt, sprechen die Gebeine. Da der Organismus nicht lügen kann, reagiert er in unverblümter Weise sehr rasch und sehr deutlich. Wer ständig Zorn schluckt und sich seiner Haut nicht wehrt, muß sich nicht wundern, wenn dann die Haut ausschlägt. Die ehrliche Haut drückt aus, was der Mund verschweigt. Wer mit dem Kopf durch die Wand will oder sich wegen eines Problems Kopfzerbrechen macht, wird wahrscheinlich früher oder später Kopfschmerzen bekommen. Jemand, der verbissen kämpft und dabei stets auf die Zähne beißt, sollte mit Kieferdeformationen oder Kauproblemen rechnen. Er wird nachts mit den Zähnen knirschen, weil er tagsüber nicht den Mut hat, sie zu zeigen.

Menschen, die sich nicht geliebt und von Gott und der Welt verlassen fühlen, versuchen ihren Hunger nach Zuwendung durch häufiges Naschen und üppiges Essen zu kompensieren. Denn wer sich selbst nicht gern hat, somatisiert seinen Hunger nach Liebe.

Das Streben nach Sicherheit manifestiert sich im Streben nach

Geld und Macht. Und dort, wo Menschen nicht mehr loslassen können, wo Geiz, Verlustangst und Mißtrauen vorherrschen, können sich Verdauungsstörungen einstellen: Verstopfung, Darmverengungen und -verkrampfungen. Alles verschließt sich. Die einzige Erlösung liegt im Hergeben und Verzichten; das aber kann dieser Mensch nicht. Er behält alles bei sich, aus Angst vor dem Verlust. (Interessant ist hierbei der auffällige Zusammenhang von Geld und Kot im Märchen: »Tischlein deck dich, Esel streck dich...« Geld stinkt nicht; aber man kann mit Geld die Menschen besch...) Nun muß sich der Geiz nicht auf materielle Güter begrenzen; er ist weitaus häufiger anzutreffen als Zeitgeiz und als Ehrgeiz. Die meisten Erkrankungen sind bezüglich ihrer Ursachen kaum erkannt; vordergründig mag es eine Infektion oder eine Disposition sein, hintergründig ist es öfter als vermutet der Mangel an Gelassenheit und Zuversicht, der Mangel an Selbstannahme und Toleranz, der Mangel an Vergebung und Vertrauen. Und wieder kommen wir unerbittlich in jenen Bereich, den nicht wenige Menschen in ihrem Leben ausklammern wollen, weil er sie in ihrem Lebenskonzept stört oder weil sie mit dessen Verwaltern schlechte Erfahrungen gemacht haben. Ich meine den Bereich des religiösen Glaubens.

Die Bibel kennt keinen Dualismus: hier Leib, dort Seele. Sie sieht immer den Zusammenhang zwischen beiden und umfaßt bei ihrer Therapie stets Körper, Gemüt, Seele, Glaube, Verstand. Das Wort Psyche bedeutet in der Bibel *Leben*. Bei Matthäus 16,25 heißt es: »Wer sein Leben (Psyche) retten will, wird es verlieren...« Dem gegenüber steht die Aussage Jesu: »Ich bin der Weg, die Wahrheit und das Leben.« (Joh 14,6) Und er fordert die Menschen auf, ihr Leben nach ihm auszurichten.

Saulus, der die Christen verfolgt, wird plötzlich auf dem Höhepunkt seines Hasses mit Blindheit geschlagen. Er fällt buchstäblich vom hohen Roß und kann drei Tage lang nichts sehen. Im Herzen war er schon lange blind. Er wußte nicht, was er tat. Die körperliche Blindheit war nicht etwa die Strafe für seinen Haß; sie war vielmehr die logische Konsequenz. Es handelte sich um eine Konversionserkrankung, das heißt, die seelische Störung verwandelte sich in eine körperliche, wobei die Blindheit nicht zufällig ist. Das haben wir bereits im Fall des Schülers gehört, der mit den Augen zu sündigen glaubte und als Schutzmechanismus die Blindheit wählte. Bei Paulus fand durch die Konversion des Hasses eine Konversion seines Glaubens statt: Er wurde sehend und in der Begegnung mit Gott geheilt.

Jede Störung an Leib oder Seele will uns etwas mitteilen. Es ist der Ruf zur Umkehr im Denken und Tun. Nicht die Umstände sind es, die uns krank machen, sondern unser Denken über die Umstände. Wer sich nicht abhängig macht von der öffentlichen Meinung, wer frei ist von Anklammerungsbedürfnissen und Verlustangst, wer sein ganzes Vertrauen auf Gott richten kann, ist heil. Es ist bemerkenswert, wie wenig der über siebzig Jahre während Kommunismus in Rußland gegen den Glauben der Menschen ausrichten konnte. Kaum zerfiel er, tauchten die alten Ikonen auf, strömten die Menschen in die Gottesdienste und füllten sich die Klöster. Ein unerschütterlicher Glaube – und mag er noch so naiv sein – setzt immer wieder Kräfte frei, die jeder Medizin und Entspannungstechnik weit überlegen sind.

Die Organsprache

Ich möchte auf einen Fall zu sprechen kommen, der hinsichtlich seiner vieldeutigen Symptomatik nicht selten ist. Es handelt sich um einen jungen Mann, der mich wegen Erschöpfungszuständen und depressiven Reaktionen aufsuchte. Ich nenne ihn Michael. Er bezeichnete sich selber als einen gläubigen Menschen, aber von Zweifeln gepackt, von einem starken Leistungsdenken geprägt, gepaart mit Versagensängsten. Er hat mehrfach Studien und Jobs abgebrochen und war zu keiner Entscheidung mehr fähig. Er kam sich vor wie eine Ziege, die unentschlossen vor zwei Grashaufen steht und verhungert. Er klagte über Rückenschmerzen, Druck auf der Stirn und Asthma. Verstopfung und Durchfall wechselten ab. In den letzten drei Wochen versagte ihm die rechte Hand den Dienst; sie war wie gelähmt. Und zu allem Übel stellte der Arzt noch eine Nierenfunktionsschwäche fest. So geplagt, bat der achtundzwanzigjährige Student um Hilfe.

In der Anamnese wurde deutlich, daß er als Kind sehr ehrgeiziger und leistungsbetonter Eltern stets auf Anerkennung durch berufliche Erfolge getrimmt wurde. Wenn er die anstehenden Probleme nicht gleich bewältigte, sprang seine ungeduldige Mutter ein und drängte auf baldige Lösung. Natürlich meinte sie es nur gut mit ihm, merkte aber nicht, daß sie durch ihre Überfürsorge und Ängstlichkeit ihrem Sohn den Atem raubte. Asthma stellte sich ein. Infolge der wachsenden Versagensängste, die immer mit hohen Erwartungshaltungen einhergehen, und der intellektuellen Blockaden während der Klausuren reagierte der Körper im Verdauungstrakt mit symbolischen Störungen: Durchfall und Verstopfung. Man könnte sagen, daß der Körper genau das vollzieht, was die Seele befürchtet: zum einen die Angst durchzufallen, zum

anderen das ehrgeizige Zurückdrängen ängstlicher Empfindungen. Diese Versagensangst ging ihm schließlich an die
Nieren, den organsprachlichen Sitz der emotionalen Leistung, während die Kopfschmerzen Ausdruck einer gestörten
intellektuellen Leistung sind. Wir erkennen auch hier wieder,
wie beeindruckend das Zusammenspiel von Leib und Seele
ist. Daß Michael immer wieder seine Studien abbrach, war
Resultat tiefsitzender Versagensängste. Wann immer er seine
eigenen überhöhten Leistungserwartungen nicht erreichte,
fiel er in Depressionen und verspürte schmerzlich die Last, die
er sich aufgebuckelt hatte. Zuletzt protestierte die rechte
Hand und war »vor Schreck gelähmt«. Sie bot ihm endlich
eine Entschuldigung an, die ihn sein Gesicht wahren ließ; eine
lahme Hand, die am Schreiben hindert, ist allemal gesell-
schaftsfähiger als eine diffuse Angst vor dem Versagen.

Wir sprachen auch über seine Gottesbeziehung. Es über-
raschte mich keineswegs, als ich Parallelen zum Elternbild
erkannte. Zwar war ihm vom Verstand her klar, daß Gott
anders ist, doch sein Gefühl streikte. Erst die Erkenntnis seiner krankmachenden Überbewertung von Erfolg und Karriere sowie die dahintersteckende Lüge, nur erfolgreiche
Menschen seien geliebte Menschen, brachte etwas in Bewe-
gung. Gott wünscht keine Opfer, kein Leistungsdenken; er
will Vertrauen und Barmherzigkeit. Nach jeder Sitzung folgte
ein Gebet, in dem ich noch einmal alles zusammenfassend
(paraphrasierend) vor Gott brachte.

Bleiben wir noch etwas bei der Bedeutung organischer Funk-
tionsstörungen. Viele Frauen leiden unter einem Kloßgefühl
(globus hystericus) in der unteren Halsregion. In den meisten
Fällen ist dies ein Hinweis darauf, daß sie jahrelang elementare Gefühle und Bedürfnisse geschluckt, aber nicht verdaut
haben. Es kommt ihnen hoch; doch sie trauen sich nicht, ihre

bittere Enttäuschung zu verbalisieren. Vieles haben sie schlucken müssen in der Hoffnung, so wenigstens etwas Frieden in der Familie zu haben. Doch dieser Frieden geht auf Kosten der Gesundheit. Es kann sich mitunter morgendlicher Brechreiz einstellen, weil ihnen der Tag »zum Kotzen« ist. Alles kommt ihnen hoch, was nicht zu verdauen ist. Das versteckt aggressive Milieu steigert die Magensekretion und kann Schleimhautveränderungen verursachen, die ihrerseits Magengeschwüre produzieren und im schlimmsten Fall zu einem Magendurchbruch führen können. Hier hat sich einer vor Wut ein Loch in den Bauch geärgert.

Weit verbreitet sind Erkrankungen des Stütz- und Bewegungsapparates, also arthritische und rheumatische Erkrankungen. Hier spielt der erhöhte Muskeltonus eine ursächliche Rolle. Wenn Gefühle verdrängt werden, wenn eine ständige unterbewußte Protesthaltung da ist, dann kommt es zur Muskelverspannung. Solche Menschen zeigen oftmals eine verbissene Frömmigkeit; ihre Beherrschung ist Resultat einer falsch verstandenen Demut oder Opferbereitschaft. Je nach Denk- und Lebensweise wird einer hals-starrig, hart-näckig, verdreht, gebeugt; ein anderer ist dem Leben nicht gewachsen oder halst sich zuviel auf und bekommt einen Rundrücken.

Auch im Bereich der Atmung fallen ständig hüstelnde Zeitgenossen auf, als ob sie einem etwas husten wollten. Bedrückende Emotionen können die Bronchialsekretion fördern; und das Spucken auf die Straße kann – keineswegs zufällig – als Ausdruck des Abscheus verstanden werden.

Wohlgemerkt: Dies ist nur *eine* Betrachtungsmöglichkeit. Nicht immer sind Erkrankungen organsprachlich zu verstehen, wenngleich diese Verstehensweise anschaulich und oft zutreffend ist. Bei psychosomatischen Erkrankungen ist eine

Psychotherapie sehr zu empfehlen, wenn sie überhaupt noch greift; denn zu hohes Alter, isolierte, von der Ursächlichkeit losgelöste Symptome und eingeschliffenes Fehlverhalten machen eine Therapie meistens unmöglich. Oft bleibt nur die Annahme des Leidens und das täglich neu zu übende Vertrauen auf die Gewißheit, daß Gott auch diesen Menschen mitsamt seinem Leiden gebrauchen möchte. Sein Leiden kann immer noch, selbst wenn es einer falschen, gar sündigen Lebensweise entsprungen ist, dem Plan Gottes dienlich sein.

Ansonsten muß der Mensch lernen, sich den Widerständen zu stellen. Diese Konfrontation kann zunächst die Krise deutlicher machen und den Eindruck vermitteln, daß die Therapieform falsch oder nutzlos sei. Natürlich ist ein Irrtum nicht ausgeschlossen; ich bete zu Gott, daß ich dann das Richtige tue.

Falsche Demut im Namen Gottes

»Viele Menschen versuchen, ihren Narzißmus zu verstecken, indem sie sich besonders bescheiden und demütig geben. Oder sie beschäftigen sich mit religiösen, okkulten oder politischen Angelegenheiten, die den Anschein erwecken, über die Privatinteressen hinauszugehen.« Diese Äußerung stammt von Erich Fromm (Vom Haben zum Sein, Weinheim 3/1990). Mit anderen Worten: Auch die Selbstverliebtheit kann sich hinter der Maske von Demut tarnen; sogar die intensive Beschäftigung mit religiösen Dingen muß keineswegs religiöser Art sein. Sie kann mitunter gute Dienste leisten, wenn es um die Ablenkung von der eigentlichen Frömmigkeit geht. Solches Tun hat dann nur den Anschein von Frömmigkeit oder Demut.

Der Ausspruch Jesu »Wer sich selbst erniedrigt, der wird erhöht« (Mt 23,12) wird oft genug mißverstanden und dahin-
gehend gedeutet, daß ich mich selber schlecht machen soll in
der Hoffnung, von anderen wieder aufgebaut zu werden.
Doch ist dieses »fishing for compliments« alles andere als
Ausdruck demütiger Selbsteinschätzung. Manche werfen
sich in den Staub und opfern sich in übertriebener Weise auf,
um so endlich einmal das Gefühl der Lebensberechtigung zu
bekommen. Sie meinen, nur eine Haltung des steten Ja-Sa-
gens berechtige sie zum Leben. Und wer sich selbst als dumm,
unfähig, langweilig und unbegabt abstempelt, will möglicherweise mehr Aufmerksamkeit für sich und seine Probleme wecken. Manche verweigern eine Beförderung aus
Angst, den neuen Anforderungen nicht gewachsen zu sein.
Solche Haltung ist nicht Demut. Sie ist ein neurotisches, das
heißt fehl- oder überangepaßtes Denken, das nichts gemein
hat mit dem Mut zum Dienen. »Stellt euer Licht auf den
Leuchter, damit es allen leuchte und die Menschen Gott loben«, sagte Jesus (Mt 5,16). Wenn dabei der Betreffende
selbst auch etwas Lob und Anerkennung abbekommt, ist es
nur zu begrüßen.

Wer sich stets abwertet, weist vielleicht auf sein eigenes, über-
höhtes Anspruchsniveau hin; er will zeigen, daß er viel von
sich fordert und perfekt sein möchte. Da ist zum Beispiel der
Schüler, der mit einem »gut« nicht zufrieden ist, oder der Ar-
chitekt, der mit dem dritten Preis nicht einverstanden ist, oder
der Geschäftsmann, der sich mit der durchschnittlichen Bi-
lanz auf keinen Fall abfinden will. Sie alle werten ihre Leistungen ab, weil sie vor sich und der Umwelt als besonders
fleißige, erfolgreiche und ehrgeizige Menschen gelten wollen.

Wer als Kind wiederholt von seinen Eltern scharf kritisiert

wurde, kann zu der Auffassung gelangen, daß er durch Akzeptieren der Kritik seinen Platz in der Familie am ehesten behaupten kann. Als gläubiger Mensch kann er dann dem Irrtum verfallen, eine ständige Selbsterniedrigung sei eine gottgewollte, demutsvolle Haltung. In Wahrheit liegt hier ein Komplex vor, der mit einem falschen Gottesbild und einem falschen Verständnis der Forderung Jesu nach Zurückstellen der eigenen Person einhergeht.

Die fromme Seele, die ihre Fähigkeiten verbirgt, um nicht aufzufallen oder nicht zu sehr in den Mittelpunkt zu rücken, muß nicht unbedingt demütig sein; vielleicht hat sie nur Angst. Eine Frau, die ihrem Mann gegenüber äußert, sie sei dumm, oder sie sei eine schlechte Köchin, will ihn vielleicht nur zu einem Gespräch bewegen, damit er endlich einmal auf ihre wahren Probleme eingeht.

Zu mir kam einmal ein Mann, der sich in endlosen Selbstanklagen fast zerfleischte, seinen Status als großer Sünder vor Gott betonte und dabei auf mich den Eindruck machte, als wolle er seiner Sündhaftigkeit wegen bedauert und getröstet werden. Der Trost schien ihm wichtiger als der Wille zur Veränderung. Was er als Demut und Selbsterniedrigung mißverstand, war nichts anderes als eine verkappte Form von Hochmut.

Ein anderer Patient prahlte mit seinen Erfolgen. Er machte sich immer größer als er ist. Ich sagte ihm: »Machen Sie sich nicht so groß, so klein sind Sie doch nicht«, und versuchte, sein Augenmerk auf seine vorhandenen Qualitäten zu lenken. Er konnte keine Kritik ertragen. Und das ist typisch für narzißtische Menschen, die ohne Beziehung zur Umwelt leben und Angst haben. Sie kompensieren ihre Angst und Einsamkeit mit einer narzißtischen Selbstaufblähung. Wie die wahre Demut aussieht und wie sie vom Minderwertigkeitsgefühl abzugrenzen ist, habe ich ausführlich in meinem Buch »Stell dein Licht auf den Leuchter« beschrieben, so daß ich hier nicht weiter darauf eingehen will.

Immer wieder stoßen wir auf den Verlust des Urvertrauens, der einer Hemmung oder Angst zugrunde liegt und auch das persönliche Verhältnis zu Gott mitbestimmt.

Wer an sich selber leidet, weil er sich nicht leiden mag, wird jeden, einschließlich Gott, nicht er-leiden können. Er ist auch nicht fähig zum Mit-Leiden, weil er dann nämlich alle Masken fallen lassen müßte. Das wäre aber die Bedingung zur Heilung.

In der christlichen Therapie geht es um mehr als nur um Selbstannahme und kreative Lebensgestaltung. Es geht auch darum, die Fähigkeiten und Gaben, die einer hat, als gottgeschenkte Charismen zu erkennen und einzusetzen, eben auf den Leuchter zu stellen. Wer das nicht sieht, verkennt die wahren Werte oder hegt illusionäre Vorstellungen von seinem Leben.

Gehemmte Menschen trauen sich nichts zu, weil sie kein Vertrauen haben. Sie kommen über irgendein Mißgeschick oder frühkindliches Trauma nicht hinweg. Später klagen sie ihren Schöpfer an, der ihre Wünsche nicht erfüllt. Mangelndes Vertrauen erschwert die Liebesfähigkeit. Um jemanden lieben zu können, muß ich von ihm verletzt werden können. Und »weil man in der Liebe an erster Stelle eine gewisse Armut erfährt – ich kann nicht mehr ohne den anderen sein –, darum ist echte Liebe und Freundschaft nie möglich ohne Demut« (André Louf, Demut und Gehorsam, Münsterschwarzacher Kleinschriften 5, S. 43).

Gelegentlich schicken mir Leute ihre Gedichte mit der Bemerkung, es sei ja nichts Besonderes, eigentlich sogar ziemlich schlecht. Solche Abwertung soll vermutlich vor Kritik schützen oder eine zu große Erregung im Fall eines Lobs mindern. Natürlich fühlt sich ein solcher Mensch auch vor Gott nicht besonders gut. Dabei hat er ein großes Liebesbedürfnis. Doch das gerade macht ihn abhängig von jenen, die ihm Liebe geben. So wird ihm seine Schwäche schmerzlich bewußt. Hat er nun keine Möglichkeit, sich seinem Gott anzuvertrauen und dessen Liebe in den Dingen des Lebens und in den menschlichen Begegnungen zu verspüren, so bleibt eine tiefe Leere, die er wahrscheinlich mit Ersatzbefriedigungen füllen wird. Hier beginnt nicht selten die Drogensuchtkarriere. Manchmal sucht er aber auch Halt in allen möglichen Religionen, in Sekten und Glaubensgemeinschaften. Paul Tournier schildert einen solchen Fall in seinem sehr empfehlenswerten Buch »Die Starken und die Schwachen« (Herder Tabu 787). Er schreibt über ein Mädchen: »Im Islam erzogen, besuchte sie die katholische Kirche, vertiefte sich in die Lektüre der indischen Weisen und nahm am Gottesdienst der Christlichen Wissenschaft teil.« (S. 102) Ich kenne selber solche Menschen, die auf der Suche nach der endgültigen und heilenden Antwort sind, ohne sich je mit dem Gefundenen abgeben und zufriedengeben zu können.

Wenn es ihnen gelingt, eine positive und intime Beziehung zu Gott aufzubauen, können alle existentiellen Ängste und Zweifel verschwinden. Der Glaube befreit uns nicht von den vielen Fragen; aber er vermag eine Stabilität zu vermitteln, die den Schmerz erträglicher macht, das Mißgeschick relativiert und das irdische Leben als Durchgangsstadium zur Ewigkeit begreifen läßt.

Unterschiedliche Gläubigkeit

Die Tatsache, daß jemand Christ oder gläubig ist, sagt noch nicht viel aus. Es kommt auch darauf an, wie intensiv und praxisorientiert er ist, wie sich sein Verhältnis zu Gott konkret auswirkt und ob sein Glaube tragfähig ist. Bindungs-, Konflikt- und Versöhnungsfähigkeit sind Kriterien, an denen der Christ in besonderer und sehr unauffälliger Weise gemessen wird. Schließlich sind gerade diese Tugenden biblisch verankerte Forderungen Jesu, Inhalte seiner Bergpredigt, die im Hauptgebot der Liebe gipfeln.

Ich unterteile die religiösen Menschen, wie ich sie in meiner Praxis erfahre, in sechs Gruppen:

1. Die Neuheiden

Sie sind zwar getauft und haben noch einen kleinen Rest an Glauben, aber es fehlt ihnen jede lebendige Beziehung zu Gott. Mit den religiösen Dingen um sich herum können sie nichts anfangen. In der therapeutischen Kommunikation spüre ich, daß sie keine Heiden sein wollen, aber auch nicht Christen sein können. Einerseits geben sie sich kaum Mühe, auch nur halbwegs Interesse für das Religiöse zu entwickeln, weil sie Angst haben, erhebliche Abstriche an ihren Denk- und Lebensgewohnheiten machen zu müssen. Dann schon lieber vor Langeweile kaputtgehen, als das Unbehagen gegenüber allem Frommen zu überwinden. Andererseits entdeckt man in ihnen oft ein zwanghaftes Bedürfnis, über Religion und über Gott zu sprechen, vor allem, wenn sie einen Theologen zum Gesprächspartner haben. Der Jesuit Walter Rupp äußerte ähnliche Erfahrungen in einem Referat, das er am

5.5.1992 in München hielt: »Oft stelle ich fest, daß gerade jene, die weit weg sind, ein starkes Bedürfnis haben, erklären zu wollen, warum sie aus der Kirche ausgetreten sind, obwohl ich sie nicht danach gefragt hatte.« Bekommt man im Gespräch einen Zugang zu diesen Menschen, so stellt sich heraus, daß Enttäuschungen an der Kirche, gepaart mit einem naiven Gottesbild, die häufigsten Gründe für ihre Entscheidung waren.

2. Die unkritischen Sucher

Sie sind wie ausgetrocknete Schwämme, bereit, jedwede Anschauung religiöser Färbung in sich aufzusaugen. Unter ihnen finden sich viele Weltenbummler, die eine große Glaubensbereitschaft, aber zu wenig Kritikfähigkeit besitzen. Sie werden vornehmlich von der Gläubigkeit asiatischen Zuschnitts angezogen und schließen sich esoterischen Kleingruppen oder pseudochristlichen Sekten mit elitärem Anspruch an. Die Gabe der Unterscheidung geht ihnen völlig ab. Nach kurzer Zeit kann es sein, daß sie diese Gruppe wieder verlassen und sich einer neuen zuwenden, jedesmal ein bißchen mehr angeschlagen und irritiert.

Sie lassen sich rasch überzeugen, doch bleibt alles oberflächlich. Da ihnen die Gabe zur Unterscheidung fehlt, sind sie schnell irgendwelchen »erleuchteten Meistern« aufgesessen. Gott stellt sich ihnen meist dar als ein »frei flottierendes Wesen«, das überall in gleicher Weise zu finden ist. Dieser pantheistische Glaube verführt dann auch dazu, sich Gott und die Welt, Schöpfer und Schöpfung unterschiedslos verfügbar zu machen.

3. Die Eklektiker

Sie wählen sich selber das Beste aus der christlichen Religion aus und passen sich ein maßgeschneidertes Christentum an, in dem es kein Kreuz und keine unbequemen moralischen Forderungen gibt. Dabei sind sie der Kirche gegenüber durchaus tolerant. Die eindeutigen, aber harten Forderungen Jesu und all das, was er mit Kirche gemeint hat, relativieren oder interpretieren sie nach eigenem Gutdünken. Selig macht, was gefällt.

4. Die Besserwisser

Sie sind von der Kirche enttäuscht worden, sahen ihre Erwartungen nicht erfüllt und üben, wo immer ein öffentliches Forum sich bietet, heftige Kritik an ihrer Gemeinschaft. Die einen tun es sehr aggressiv und rechthaberisch, die anderen mehr betroffen und einschmeichelnd. Alle aber haben tiefe Wunden, über die sie nicht wegkommen. Dabei werden elementare Glaubenswahrheiten in Frage gestellt, verbogen oder als Machenschaften kirchlicher Obrigkeit hingestellt. Mit anderen Worten: Sie wissen alles besser und spielen sich auf wie Märtyrer, Erleuchtete oder Endzeitpropheten. Weil manches Glaubensgeheimnis ihr Denkvermögen sprengt, setzen sie der Macht Gottes Grenzen; sie argumentieren »vernünftig«, aber nicht mit Vernunft. Maria war keine Jungfrau, Jesus nicht Gottes Sohn, und die Auferstehung ist sowieso ein großer Bluff. Man hat das alles *nur* archetypisch, symbolisch, bildhaft, mystisch, auf keinen Fall historisch zu verstehen.

5. Die bewußten Christen

Sie machen eine kleine Herde aus. Sie gehören zu den lebendigen Gemeinden, sind aktiv tätig, praktizieren regelmäßig und überzeugend ihren Glauben, halten im großen und ganzen zu ihren Hirten. Natürlich leiden sie unter den Fehlern und Versäumnissen ihrer Kirche, aber sie verstehen sich selber auch als fehlerhaften Teil dieser Kirche, der Jesus seinen Beistand bis ans Ende zugesagt hat. Sie versuchen im Dialog und persönlichen Engagement neue Wege zu gehen; extreme Reaktionen meiden sie. An ihrer Seite gibt es zweifellos viele Mitläufer; sie werden vom Glaubenseifer, aber auch vom überzeugenden sozialen Engagement der Aktiven mitgerissen. Diese Christen wollen niemanden durch verbale Überzeugung einstecken, sondern durch ihre positive Einstellung zum Leben anstecken. Sie wissen, daß Flucht keine Lösung ist und daß einseitige negative Kritik nicht weiterhilft. Wo sie keine Möglichkeiten zum direkten Eingreifen sehen, suchen sie durch beharrliche Gespräche, aber auch Gebete, den Geist Gottes hereinzulassen.

6. Die Fanatiker

Aus Angst und tiefliegendem Mißtrauen der Schöpfung gegenüber flüchten sie in das Ghetto elitärer und fundamentalistischer Gläubigkeit. Nichts überzeugt sie außer ihrer eigenen religiösen Einstellung. Sie brauchen das Korsett einer eindeutigen, verbindlichen und dogmatischen Führung, damit sie nicht auseinanderfallen oder in Zweifel geraten. Jede Freiheit ist gefährlich. Die Bibel wird wörtlich genommen, die Moral streng überwacht, Abweichler werden gnadenlos bestraft. In

Gesprächen gibt es keine Diskussion, allenfalls proselytische Debatten, die nur das eine zum Ziel haben: den Gegner zu gewinnen oder mit gekonnten Bibelzitaten in die Hölle zu verweisen. Fanatiker sind therapieresistent, weil sie keinen Therapeuten akzeptieren außer Jesus. Für sie gilt nicht Sirach 38: »Es kann die Stunde kommen, da Gott nur durch die Hand des Arztes heilt. Drum ehre auch den Arzt!« In ihrer Pädagogik ist kein Platz für Toleranz, für Gnade oder für Vergebung. Unter ihnen wie auch unter den verbissenen Christen, die aus eigenen frommen Leistungen sofort heilig werden wollen, finden sich die meisten psychosomatisch Erkrankten. Kein Wunder, daß bei einem solchen rigiden Über-Ich bzw. Gottesbild der Stoffwechsel streikt, der Muskeltonus steigt und die Abwehrmechanismen nicht mehr zur Ruhe kommen.

Unterschiedliche Gottesbeziehungen

Wenn Menschen unter bedrohlichen Gottesbildern leiden, wenn sie im Namen der Religion zur fragwürdigen Unterordnung genötigt werden und Depressionen erleiden, spricht man von ecclesiogenen Neurosen, d. h. durch die Kirche mitverursachten Über- und Fehlanpassungen. In meinem Buch »Stell dein Licht auf den Leuchter« habe ich ausführlich jene Mechanismen offengelegt, die eine derartige Verklemmung bewirken, so daß ich mich hier nicht wiederholen möchte. Jeder Erzieher vermittelt den Kindern mehr oder weniger unbewußt sein eigenes Gottesbild, das fast ein ganzes Leben lang den Menschen prägt. Im Namen eines falschen Religionsverständnisses wird hier immer noch zu sehr auf Verdrängung von elementaren Bedürfnissen gepocht und mit der Hölle gedroht, unerwünschte Handlungen, ja sogar Gedanken werden mit Liebesentzug, Strafe und Nichtbeachtung geahndet. Nicht das Reden über Gott, sondern das Handeln am Menschen vermittelt diese Beziehung. Natürlich gilt das auch für sogenannte atheistische Familien. Denn in jedem Menschen wohnt die Sehnsucht nach dem transzendenten Wesen, nach starken, mächtigen Bezugspersonen, wie das besonders im Märchenalter des Kleinkindes deutlich wird. Kinder übertragen die elterlichen Qualitäten auf ihren Gott. Das haben Untersuchungen verschiedener Religionspädagogen wie A. Vergote, H. Halbfas, W. Bitter, A. Godin, F. Pausch u. a. ergeben.

In meiner eigenen Studie, die ich 1976 an 100 Jugendlichen vorgenommen habe, wird diese Erfahrung bestätigt. So vermitteln ein sich stets autoritär gebärdender Vater und eine ohnmächtige Mutter ihren Kindern einen angstmachenden Gott, der nur durch Unterordnung und Anpassung günstig gestimmt werden kann. Häufig abwesende Eltern oder überforderte Erzieher, die sich kaum den Kindern widmen können, stellen schon früh die Weiche für einen Gott, zu dem zu beten nicht lohnt; denn er ist ja nicht da. Da muß nicht ein einziges Wort über Gott gefallen sein; dies geschieht auf dem Weg der existentiellen Erfahrung. In Briefen klagen viele Christen über tiefes Mißtrauen der Gnade Gottes gegenüber; oft nehmen diese Menschen Bezug auf ihre familiären Erfahrungen, die von einengender, wenig versöhnlicher Atmosphäre geprägt waren. Es fällt regelmäßig auf, daß leere Drohungen, Liebesentzug, rasches Beleidigtsein der Eltern, übertriebene Leistungsforderungen und häufige Sanktionen wegen gewisser Eigenarten des Kindes genau jenes Gottesbild aufbauen, an dem heute unzählige Menschen leiden. Nicht die offizielle Kirche, sondern der einzelne Erzieher trägt die Verantwortung für die Entstehung eines versöhnlichen oder angstbeladenen Verhältnisses zu Gott. Ich selbst erfuhr meine Eltern stets als geduldige, äußerst versöhnliche Vorbilder. Nie trugen sie mir eine Schandtat nach; ich habe sie nie bedrohlich erlebt; auch schrien sie mich nicht an. Die Art und Weise, wie meine Eltern stets zu verstehen suchten und Auseinandersetzungen auf sachlicher Ebene austrugen, erstaunte mich immer wieder. Dabei waren sie nicht einmal fromm. Ich kann mich nicht erinnern, daß ich jemals vor meinen Eltern – und auch vor Gott – Angst gehabt oder mich verlassen gefühlt hätte. An diesem sehr befreienden Gottesbild konnte auch unser Religionslehrer in der Grundschule nichts mehr kaputtmachen, obgleich er mit Gott drohte und für den Fall unseres kindlichen Ungehorsams körperliche Züchtigungen anwendete. Wenngleich auch mancher trotz einer restriktiven Erziehung sein Verhältnis zu den Eltern und zu Gott in den späteren Jahren zum Positiven hin ändern kann, so überwiegt die Zahl der Menschen, die Gott für wenig barmherzig, strafend oder dem Leid gegenüber gleichgültig halten. Die Bemerkung vieler, Gott sei ungerecht angesichts des Leids in der Welt, läßt einerseits das Interesse an diesem Gott erkennen, andererseits die Unmöglichkeit erfahren, diesen Gott in den Griff zu bekommen.

Vielleicht ist das gerade ein Kriterium für die Echtheit Gottes: daß er nicht das Glück auf Erden verspricht, sondern das Kreuz; denn alle selbstgeschaffenen Götter sind sich mit den Dämonen dieser Welt darin einig, daß sie uns mit der Erfüllung aller unserer Wünsche hier auf Erden narren wollen.

Wie Gott wirklich ist, läßt sich kaum erfassen. Er wäre erbärmlich, ließ er sich in einem Menschenkopf begreifen. »Wenn es einem schlechtgeht, fragt man: Wo bleibt Gott?

Wenn es einem gutgeht, heißt es: Jeder ist seines Glückes Schmied«, sagte einmal die große Schauspielerin Therese Giehse. Offenbar läßt Gott das Leid schon deshalb zu, damit der Mensch nach ihm fragt, sich auf ihn einläßt, mit ihm verhandelt. Es ist eine eigenartige menschliche Erfahrung, daß diejenigen, die Gott nicht lieben, Schmerzen, Mißgeschicke und Trübsal zum Anlaß nehmen, sich noch weiter von Gott zu entfernen, während für diejenigen, die Gott lieben, solche Leiderfahrungen zum Antrieb werden, sich noch mehr an ihn zu klammern. Paulus hat recht, wenn er feststellt: »Denen, die Gott lieben, gereicht alles zum Guten!« (Röm 8,28) So ist denn wider alles Reden über Gott und Kirche festzuhalten: Nur wer die Barmherzigkeit und die Versöhnung lebt, vermittelt einen Gott der Liebe. Alles fromme Geschwätz vermag nichts auszurichten. Worte können vielleicht hie und da beeindrucken, doch Taten reißen hin.

Gott lehnt auch den größten Sünder nicht ab

Es scheint nicht wenige Menschen zu geben, die unter einer fürchterlichen Qual leiden: Sie glauben, von Gott verworfen und verdammt zu sein, weil sie irgend etwas in ihrem Leben getan haben, das sie sich selbst nicht verzeihen können. Schon ihre Erziehung war von jener Bestrafungsangst geprägt, die nun auf Gott übertragen wird und schlimme seelische Störungen nach sich zieht. Für solche Menschen beginnt die selbstgemachte Hölle bereits auf Erden. Manchmal sind es nur banale Auslöser oder zu ihrer Verdammungsphantasie in keinem Verhältnis stehende Fehler, die hier zugrunde liegen. »Ich leide an Depressionen, Schuldgefühlen und Ängsten, habe ein beklemmendes Gefühl im Hals, starkes Zittern und Schlafstörungen«, schreibt eine ältere Dame. »Ich habe Groll auf Gott, fühle mich ungeliebt von ihm; meine Gebete erhört er nicht... Ich weiß, daß ich verdammt bin. Kann ich jetzt noch lernen, die Liebe Gottes anzunehmen?« Hier wird deutlich, daß die Dame Gefühl und Wissen vermischt und sich für abgelehnt hält, weil ihre Gebete ohne spürbare Resonanz bleiben. Sie erwähnte keine konkrete Schuld, die Anlaß sein könnte für ein derartiges Verdammungsgefühl. Es ist wohl eher so, daß sie sich selber nicht vergeben hat und gleichzeitig immer noch die Hoffnung hegt, die Liebe Gottes annehmen zu können. Immerhin weiß sie davon. Ihr Notruf offenbart etwas von der Ambivalenz Gott gegenüber, die in vielen Herzen nagt.

Tragischer ist der Brief eines jungen Mannes, der sich für verdammt hält, weil er meint, die unverzeihliche Sünde gegen den Heiligen Geist begangen zu haben. Er berichtete von Lästerungen gegen Gott und von spiritistischen Praktiken, die er jahrelang ausgeübt hatte. Alle meine beruhigenden und aufklärenden Worte vermochten ihn nicht zur Einsicht zu bringen; der Verdacht auf eine gewisse psychotische Denkweise drängt sich hier manchmal auf. Meist aber kann man davon ausgehen, daß eine entsprechende Pädagogik, in der Liebesentzug und Unversöhnlichkeit Druckmittel zur Anpassung waren, den Weg zu einer solchen Selbstablehnung bereitet hat. Einige Betroffene berichten auch von einer sehr einengenden religiösen Atmosphäre, die aus der Frohbotschaft Jesu eine Drohbotschaft der Erzieher macht.

Die Sünde gegen den Heiligen Geist, von der Jesus in Matth 12,31 spricht, bezieht sich ausschließlich auf die beharrliche Ablehnung Gottes. Anders ausgedrückt: Wer das Versöhnungsangebot Gottes ablehnt, hindert Gott daran, ihm alle Sünden zu vergeben. Und da Gott die Freiheit des Menschen respektiert, zwingt er nicht, manipuliert er nicht. Natürlich kann man sich fragen, ob es jemals einen solchen Dummkopf gibt. Im Leben mag einer viel törichtes Zeug reden und auch gegen Gott eingestellt sein; was sich allerdings dann in der Todesstunde abspielt, können wir nicht sagen. Da verbirgt sich noch sehr viel Gnade, die Gott verschenkt; denn nur er allein vermag in die Herzen zu schauen.

Pastor Paul Yonggi Cho schreibt in seinem sehr faszinierenden Buch »Gedanken zum Buch Daniel«: »Die Sünde der Lästerung gegen den Heiligen Geist ist die Sünde, die eine Person begeht, wenn sie das Werk des Heiligen Geistes aus Neid und Eifersucht als das Werk eines Dämons bezeichnet, obwohl diese Person weiß, daß es sich um das Werk des Heiligen Geistes handelt.« (S. 83 f.)

Fest steht, daß Gott alles vergibt, wenn der Mensch bereut. »Wenn schon Menschen, die zum Bösen neigen, einander Gutes geben, um wieviel mehr wird Gott den Menschen Gutes geben«, bemerkte Jesus einmal (Lk 11,13). Nein, Gott ist kein berechnender, sich rächender, kleinherziger Bürokrat. Er ist tausendmal barmherziger und großzügiger als der großzügigste Mensch. Gewiß: Wenn einer uneinsichtig ist und stets auf der menschlichen Seele herumtrampelt, wenn er Gott lästert *und niemals zur Umkehr gelangt*, muß er mit der Gerechtigkeit Gottes rechnen. Denn das ist die unverzeihliche Sünde gegen den Geist Gottes. »Noch nie wurde ein Mensch wegen seiner Sünden verdammt«, sagte der heilige Pfarrer von Ars, Jean-Baptiste Vianney. *Er verdammt sich selber, indem er wider besseres Wissen von Gott nichts wissen will.* Wenn ich mir vorstelle, daß meine Eltern mich nie wegen irgendeiner Übeltat verurteilt haben, sondern auf meine Einsicht geduldig warteten, so wird Gott in seiner Liebe und Geduld nicht zu überbieten sein. Dies bedeutet keinen Freibrief zum Drauflossündigen. Ich kann mir denken, daß es nicht unsere schuldhaften Taten sind, die Gott beleidigen, sondern viel mehr unser Mißtrauen seiner Liebe gegenüber. Wer um diese Liebe weiß, wird sich ihr nicht entziehen können. Es bedarf nur eines einzigen Aktes der Reue, und der Mensch ist erlöst.

Kain tötete seinen Bruder, weil er *meinte*, Gott bevorzuge diesen. Er hielt Gott für ungerecht, weil sein kleiner Verstand und sein verletztes Herz keine andere Deutung anzunehmen imstande waren. Es war das Mißtrauen gegen Gott, das ihn zum Mord veranlaßte. Nach der Tat erschrickt er nicht etwa über seine Schuld, sondern über das Strafmaß Gottes. Er klagt darüber. Obgleich er keine Reue zeigt, erhört Gott ihn, indem er den Brudermörder unter seinen göttlichen Rechtsschutz stellt. So ist eben Gott. Ganz anders als der, für den wir ihn von Fall zu Fall halten.

Gott der Christen und Nichtchristen

Jede Religion hat ihre Weisheiten, ihre Gesetze und ihre moralische Gewißheit. Wenn Jesus sagt: »Niemand kommt zum Vater außer durch mich« (Joh 14,6), so muß das nicht heißen, daß nur der gerettet wird, der Jesus als seinen persönlichen Vermittler kennt. Denn es gilt auch die Aussage Jesu: »Wer den Willen meines Vaters *tut*, ist für mich Bruder und Schwester...« (Matth 12,50) Worin besteht der Wille des Vaters? In der Achtung vor den Mitmenschen und allen Geschöpfen, in der gelebten Liebe und Versöhnung, in der Orientierung nach dem Gewissen, selbst dann, wenn es irrt, und in der Anbetung dessen, den ich als Gott erkannt habe.

Wer ohne eigenes Verschulden die Botschaft Jesu und seine Kirche nicht kennt, Gott aber sucht und nach seinem Gewissen lebt, kann das ewige Heil erlangen. Es ist an der Zeit, einander zu achten und sich nicht gegenseitig die Wahrheiten abzusprechen, die keiner allein für sich besitzt. Wenngleich Gott jeden Menschen zum Glauben führen kann, so ist es doch Auftrag der Kirche, die Frohbotschaft zu verkünden (Mk 16,15). Wer seinen Gott erfahren hat, will ihn auch weitergeben. Niemand wird das, was er als Wahrheit erkannt hat, für sich behalten; der verantwortungsbewußte Mensch will seine Erfahrungen teilen und andere daran teilhaben lassen.

Ich mache oft die Erfahrung, daß verletzte Menschen nicht den wirklichen Gott, sondern sein Zerrbild ablehnen, daß sie nicht die Kirche Jesu, sondern den Machtapparat der Theologen kritisieren. Wer auf einen Moloch der Gesetzesfrömmigkeit schimpft, wer den bedrohlichen und rachsüchtigen Tyrannen von sich weist, meint nicht den wahren Gott. Er bäumt sich auf gegen einen Götzen, der ihm von kleingläubigen Gutgläubigen einsuggeriert wurde. Gott ist anders. Nur derjenige, der etwas ahnt von einem Schöpfer des Guten, von einem mütterlichen Vater der Liebe, erahnt Gott. Und wer wäre nicht auf der Suche nach ihm?

Ich habe nicht diese Angst vieler Zweifler und Grübler, die da meinen, ihr Gott verwerfe jene Menschen, die nichts von ihm wissen wollen, nur weil sie ein Zerrbild von ihm ablehnen. Es ist schlimm, wenn Fromme im Namen Gottes eine Bekehrung erzwingen wollen, wenn sie Angst machen und mit der Hölle drohen, wenn sie Religion fanatisch leben. Eine solche Haltung hat von jeher tödliche Folgen gehabt. Und keine Religion ist frei vom Blut Unschuldiger. Alle heiligen Schriften lehren die Toleranz und die Vergebung. Intoleranz und Fanatismus sind Auswüchse einer tiefen Angst vor der Freiheit anderer, aber auch vor der eigenen moralischen Freiheit, die jederzeit verspielt werden kann. Ich möchte damit nicht sagen, daß Gott ausnahmslos jeden Menschen annimmt, der *ihn nicht* annimmt. Es mag Hochmütige geben, die bis zu ihrem letzten Atemzug Gott abweisen. Um diese Menschen steht es schlecht. Die Hölle ist nichts anderes als die frei gewollte und ernsthafte Abweisung Gottes. Doch können wir nicht sagen, was sich im Augenblick des Todes abspielt.

Die Betonung eines barmherzigen Gottes, der größer ist, als unser Verstand es fassen kann, soll nicht die deutlichen Hinweise Jesu auf die schlimmen Folgen der Verstocktheit eines Ungläubigen verharmlosen. Wir haben kein Recht, unangenehme Wahrheiten als Mythos oder literarische Überzeichnungen hinzustellen. Wir werden uns alle noch sehr wundern, wie vieles von dem stimmt, was wir jetzt anprangern, umdeuten und für skandalös halten.

Christen haben eine höhere Verantwortung als alle anderen Gläubigen. Wem viel gegeben ist, von dem wird auch viel gefordert. Die Lehre Jesu war revolutionär: Feindesliebe statt Rache, Barmherzigkeit statt Gesetzlichkeit sowie unterschiedslose Wertschätzung aller Menschen waren bis dahin unbekannt. Darin unterscheidet sich das Christentum von den anderen Religionen. Und ganz besonders sind Tod und Auferstehung Jesu das Markenzeichen seiner Person und Lehre; denn dadurch ist jede Erlösung in eigener Regie unnötig geworden. Er sandte seiner Kirche »den Geist der Wahrheit, der sie in alles einführen soll« (Joh 16,13). Er versprach sein Wiederkommen.

Wer sein Christsein aufgibt, um sich einer anderen Religion anzuschließen, übt noch keinen Verrat an seinem Gott. Er sollte aber wissen, wovon er Abschied nimmt. Wahrscheinlich hat er nicht erkannt, daß das Christentum mehr zu bieten

hat, als er bisher anzunehmen geneigt war, und daß es minde-
stens all das zu bieten hat, was er nun außerhalb zu finden
glaubt. Welche Wahrheit einer auch wählt, er muß sich stets
auf etwas einlassen und einen Vertrauensvorschuß wagen.
Aber Gott erfahren kann nur der, der glaubt und betet und
handelt, *als ob es ihn gäbe.*

Das Vaterbild Jesu

Wenn ich in meinen Vorträgen den Gott der Liebe verteidige,
bekomme ich regelmäßig Hinweise auf einen strafenden, sich
rächenden Gott zu hören, wobei alttestamentliche Quellen,
mitunter auch Beispiele aus dem eigenen Leben herhalten
müssen. Viele Psalmen sprechen vom Strafgericht, von der
Rache Jahwes, die den Übeltäter scheitern läßt (Ps 53), mit
Pfeilen verwundet (Ps 64) und die Erstgeburt der Ägypter tö-
tet (Ps 136). Abgesehen davon, daß die Güte und das Erbar-
men Gottes weitaus mehr hervorgehoben werden, handelt es
sich hier um gedeutete geschichtliche Erfahrungen des Volkes
Israel und seiner biblischen Autoren. Würde man heute den
Zerfall des Kommunismus in der biblischen Schriftsprache
wiedergeben, so hörte sich das so an: »Und Jahwe erzürnte
über das Treiben der Gottlosen, die seine Tempel zerstörten
und seine Gläubigen verfolgten. So zerschlug er seine Feinde
und machte ihrem gottlosen Handel ein jähes Ende.« Oder
der Fall der Berliner Mauer: »Da erbarmte sich Gott des
Elends der Menschen. Er hörte ihr Rufen und Seufzen und
sprach: ›Ich will die Gefangenschaft der Menschen beenden
und ihre Mauern zerstören.‹ Und alsbald öffneten sich alle
Tore, so wie Gott durch seine Propheten vorhersagen
ließ.«

Nun können wir uns ja noch ganz gut mit dem Gedanken an eine Bestrafung der Feinde anfreunden; was uns zu schaffen macht, ist die Tatsache, daß heute offenbar viele Verbrecher ungestraft herumlaufen und viele Unschuldige leiden müssen. Mit diesen Problemen mußten sich auch die Apostel herumschlagen, die ja auch dem Denken ihrer Zeit verfallen waren. Doch Jesus hat dieses Wunschdenken der Menschen gründlichst korrigiert. Er lehrte alles andere als die Bestrafung der Feinde oder das irdische Glück der Unschuldigen. Sein eigenes Leiden sollte die Menschen erkennen lassen, daß nur das Ertragen schmerzlicher Zumutungen zur Heiligung führt, auch zur Rettung anderer. Gott hilft nicht am Leiden vorbei, aber er hilft uns hindurch. Aus dem Mund Jesu kommt nicht eine einzige Drohung, allenfalls eine Warnung. Hier muß der Unterschied gesehen werden; denn die Meinung, Jesus würde drohen, ist kaum auszurotten. Wenn eine Mutter aus Sorge um das Leben ihres Kindes auf das Tragen des Motorradhelms pocht, weil sonst Gefahr droht (und im übrigen die Versicherung einen eventuellen Schaden nicht zahlt), dann droht sie nicht mit etwas, sondern sie warnt vor etwas. Drohen hat mit angstmachen, mit bedrängen und plagen zu tun, während warnen soviel bedeutet wie »zum Schutz mit etwas versehen«. Es ist ein Unterschied, ob auf dem Schild steht »Warnung vor dem Hund« oder »Drohung mit dem Hund«.

Gott macht nicht Angst. Aber es gibt genügend Menschen, die in seinem Namen Angst machen wollen, um gefügig zu machen. Das ist Mißbrauch des Namens Gottes. Jesus warnt vor den Folgen des Hasses, des Unglaubens, der Gottlosigkeit. Was da als Strafgericht droht, ist nicht das aktive Eingreifen Gottes gegen den Sünder, sondern die logische Konsequenz einer bewußt gewählten Ablehnung Gottes: Der Mensch straft sich selber. Nicht Gott lehnt den Menschen ab, sondern der Mensch lehnt seinen Gott ab. Da braucht Gott nur den Menschen seinen Irrweg gehen zu lassen, ohne einzugreifen oder Unheil zu schicken. Die gottlose Eigenregie von Menschen führt sozusagen automatisch in die Hölle. Und die fängt mitunter schon auf Erden an.

Daß Gott in dieser Welt unsere Feinde und die Übeltäter nicht zur Rechenschaft zieht, mag uns ärgern. Doch die Gerechtigkeit Gottes kommt erst später zum Zug.

Im Gleichnis vom Unkraut unter dem Weizen fordert Jesus die Knechte auf, das Unkraut nicht vor der Zeit zu entfernen. »Laßt beides wachsen bis zur Ernte. Dann sammelt zuerst das Unkraut und verbrennt es.« (Mt 13,30) Und auf die Frage nach dem Leid gibt er keine befriedigende Antwort, lediglich den Hinweis auf das Kreuztragen, auf das Loslassen aller bisherigen Vorstellungen, das unabänderliche Vertrauen in die Erlösung. Sein eigenes Verhalten war gekennzeichnet von Vergebung den reuigen Sündern gegenüber, von Mahnungen zur Umkehr und harten Warnungen gegenüber den verstockten, selbstgerechten und hochmütigen Menschen. »Wenn ihr euch nicht bekehrt, könnt ihr nicht in das Himmelreich gelangen!« (Mt 18,3) Kriterien der Umkehr sind: Reue, praktizierte Liebe, auch den Feinden gegenüber, Vergebung, Beachtung der göttlichen Gebote. Jesus unterscheidet zwischen Person und Sache, zwischen dem Sünder und der Sünde. Noch nie hat er einen Sünder abgelehnt, wohl aber dessen Sünden. Er verteidigte die öffentlich bekannten und angeprangerten Sünder, hatte Umgang mit Zöllnern, Dirnen und Heiden und pries in zahlreichen Erzählungen und Gleichnissen die Güte seines Vaters. Würden heute die Christen ähnlich handeln, also versöhnlich, tolerant, barmherzig und nicht so sehr gesetzlich oder nach formalen Gesichtspunkten, so sähe die Welt anders aus.

An dieser Stelle will ich einmal auf die vielen religiösen Phänomene und kosmischen Zeichen eingehen, von denen in den
letzten Jahren vermehrt berichtet wird. Wir können nicht
daran vorbeisehen und unberührt zur Tagesordnung überge-
hen. »...aber die Zeichen dieser Zeit könnt ihr nicht deuten«,
sagte Jesus vorwurfsvoll zu den Pharisäern (Mt 16,3), als
diese ein Wunder zur Beglaubigung der göttlichen Vollmacht
Jesu forderten. Sämtliche Zeichen zielen auf die Umkehr der
Menschheit hin, die sich gottlos, hochmütig und den Religionen gegenüber spöttisch verhält. Es ist das Anliegen Gottes,
daß sich die Menschen bekehren sollen, damit keiner verloren geht. Wem das Angst macht, der muß sich fragen, ob er
auf dem richtigen Weg ist. Seine Angst könnte ihn retten. Niemand kann angesichts der zunehmenden kosmischen Ereignisse, zu denen auch die Erdbeben, Vulkanausbrüche und
Überschwemmungskatastrophen gehören, so tun, als ob das
alles zufällige und immer schon dagewesene, deshalb bedeutungslose Ereignisse wären. Die unmenschlichen Kriege und
Menschenrechtsverletzungen sind nicht Gott anzulasten,
sondern dem Egoismus der Menschen. Abertausende Christen, Moslems, Hindus, auch Ungläubige, sahen sogenannte
Sonnenwunder und andere Lichterscheinungen; diese sind
von ernstzunehmenden Zeugen gut beglaubigt. Über 70 Personen erhalten zur Zeit weltweit in Visionen oder mystischen
Eingebungen Botschaften des Himmels, die ständig veröf-
fentlicht werden. Gewiß gibt es auch falsche Propheten und
trügerische Zeichen. Niemand ist verpflichtet, diesen sogenannten Privatoffenbarungen Glauben zu schenken; denn
seit dem Tod des letzten Apostels kann nichts wesentlich
Neues verkündet werden. Mit diesen Zeichen und Botschaften haben viele gläubige Menschen ihre Probleme. Wem sie
förderlich erscheinen für seinen Glauben, der möge sie

beachten. Wer damit nichts anfangen kann, möge sie dulden. Allen aber gilt das Pauluswort: »Prüfet alles, und was gut ist, behaltet!« (1 Thess 5,21)

Das Leiden an Gott und seiner Kirche

Wir haben gesehen, wieviel Unsicherheit und Störungen an Leib und Seele entstehen können, wenn der Mensch ein falsches, bedrohliches, Leistungen und Opfer forderndes Gottesbild verinnerlicht hat. Weder ein Rachegott, der uns das Leben nicht gönnen will und jedwede Abweichung vom Gesetz ahndet, noch ein abwesender, ohnmächtiger und wiederum angstmachender, weil gleichgültiger Verwalter des Alls, noch ein kumpelgleicher, gönnerhafter Gott, der beide Augen zudrückt, geschehe, was mag, entspricht auch nur im geringsten der wahren Größe Gottes. Es stimmt sicher nicht, wenn es bei Jesaja 40,17 heißt: »Völker sind dir gleichgültig, Menschen ohne Bedeutung.« Gott schuf uns, weil er uns liebt und Interesse an unserer Mitarbeit hat. Er ist vornehmlich ein barmherziger und dann auch ein gerechter Gott, was besagen will, daß er in erster Linie seine Versöhnung anbietet, dann aber, wenn die Zeit abgelaufen ist, für die ausgleichende Gerechtigkeit sorgt. Das muß keinem Angst machen, der sich an ihn hält und trotz seiner Sündhaftigkeit nicht von ihm läßt. »Der Gerechte fällt siebenmal am Tag« (Spr 24,16), doch Gott vergibt bei aufrichtiger Reue siebzigmal siebenmal (Mt 18,22).

Nun gibt es ja nicht nur ein Leiden am *falschen* Gottesbild, sondern auch ein weit größeres Erleiden des *richtigen* Gottesbildes, soweit man überhaupt Gott richtig erfassen kann. Es dürfte inzwischen deutlich geworden sein, daß Gott durchaus Gefühle wie Zorn, Ärger, Angst und Schuld zuläßt; daß er nicht Opfer will, sondern zuerst einmal Vertrauen und Barmherzigkeit; daß er nicht mit der Hölle droht, sondern sie als Folge freigewählter Gottesablehnung hinstellt; daß er keineswegs gleichgültig ist gegenüber unserer Not, sondern mitleidet und sie uns aus Liebe zumutet. Und hier beginnt das Leiden am wirklichen Gott: Sein Schweigen, sein Nichteingreifen kann dem Menschen derart zusetzen, daß dieser ins Zweifeln kommt. Es scheint, als wolle Gott das Vertrauen des Menschen herausfordern. Andererseits ist er durchaus gewillt, in die Geschichte einzugreifen und das beharrliche Gebet seiner Geschöpfe zu erhören. Immer wieder berichtet die Bibel von Gottes großen Taten. Dies sollte nicht immer nur als »interpretative Theologie« mißverstanden werden, als eine nachträgliche Deutung aus dem Glauben heraus, sondern auch als mögliches historisches Ereignis, eben als »Wunder«. Ich teile nicht den Rationalismus vieler Theologen, auch nicht die Reduktion göttlichen Geschehens auf nur bildhafte Wirklichkeit, was immer das bedeuten mag. Gott wurde leibhaftig; dann wird er es auch fertigbringen, leibhaftig von den Toten zu erstehen, Brot zu vermehren, sinnenhaft in das Leben des Menschen einzutreten. Denn, so David Ben Gurion, wer nicht an Wunder glaubt, ist kein Realist.

Da Gott Liebe ist, kann er Schmerz nur aus Liebe zumuten. Das zu begreifen, ist oft nicht möglich. Erst im nachhinein sind wir imstande, Krankheiten und Konflikte, Grenzerfahrungen und Sinnkrisen als Bedingungen für unsere Reifung zu verstehen. Auch hier geht nichts ohne die Gnade des Vertrauens, die immer neu erbeten werden muß. Die ständige Forderung, loszulassen und anzunehmen, scheint für das Heil des Menschen eine unabdingbare Voraussetzung zu sein. Das immerwährende Einüben ins Sterben ermöglicht jene innere Freiheit, die im Gebet und in der Übung der Askese erlangt werden kann. Deshalb ist Verzichten kein Verlust, sondern ein Gewinn.

Als ich bei meinem Eintritt in die Gemeinschaft der Pallottiner Besitz, Beziehungen, Karriere und Unabhängigkeit loslassen mußte, verspürte ich zunächst Ängste und Entzugserscheinungen. Erst einige Monate später entdeckte ich eine andere Qualität von Freiheit und Unabhängigkeit, die es möglich machte, mich ganz neu auf Gott und meinen Auftrag einzulassen. Der Hang zum Habenwollen ist nicht einfach verschwunden; er muß ständig beherrscht werden, wenn er nicht mich beherrschen soll. »Wer alles um meinetwillen losläßt, wird es vielfach zurückbekommen!« sagte Jesus. In der Tat: Das Aufgeben materieller Sicherheiten kann das Herz öffnen für wesentliche, immaterielle Bereiche. »Meinetwillen« heißt für mich: Hören auf Gott, für ihn da sein.

Was vielen verletzten Menschen zu schaffen macht, ist die offenkundige Erfahrung, daß Gott die Bösen dieser Welt nicht bestraft. Wo bleibt die Gerechtigkeit, fragen sich die Leute. Jesus aber hat darauf hingewiesen, daß Gott die Sonne scheinen läßt über Gute und Böse (Mt 5,45), und daß erst nach diesem Leben das Gericht stattfinden wird. Es ist weniger die vermeintliche Passivität Gottes, die ärgert, als die eigene Ungeduld und das Mißtrauen gegen die Gerechtigkeit und Allmacht Gottes.

»Wir sollen Gott über alle Dinge fürchten, lieben und ihm vertrauen«, sagte Martin Luther. Wo aber nur Furcht herrscht, droht Gott zum Tyrannen zu verkommen. Wo hingegen nur (ehr)furchtloses Vertrauen ist, wird Gott zum Zampano. Das eine geht nicht ohne das andere.

Und weil wir kurzsichtig sind und unser bißchen Leben so

überaus wichtig nehmen, weil wir außerdem auf sofortige Befriedigung unserer Wünsche aus sind, verstehen wir nicht, warum Gott unsere Bitten nicht sofort erhört. Wir haben gewisse Vorstellungen von dem, was und wie etwas geschehen soll, und fallen entweder in Resignation oder in Fatalismus oder sind empört, wenn unsere Vorstellungen nicht eintreffen. Und was macht Gott? Er schweigt. Natürlich weiß er um unsere Sorgen. Aber auch er hat Bitten an uns. Doch wir sind nicht darauf erpicht, sie zu erfüllen. Bisweilen scheint es so, daß die Erfüllung des göttlichen Willens auch unsere Wünsche befriedigt. Das wird nur der erfahren, der sich wirklich ganz auf Gott einläßt und nicht seine Wünsche zu den Wünschen Gottes macht, sondern umgekehrt.

Das Leiden an diesem unberechenbaren, stets liebenden, sich nie erklärenden Gott manifestiert sich manchmal im Leiden an seiner Kirche, die sich nicht vom Zeitgeist verführen läßt, Glaubenswahrheiten so lange plattzudrücken, bis sie jedem angenehm sind. Sie muß sich dem unbeliebten Anspruch Jesu stellen, auch wenn die Wirklichkeit anders aussieht. Sich beliebt machen und auf die Massen schauen, wäre ihr Untergang. Deshalb kann in einer demokratischen Kirchenregierung nicht die Lösung liegen. Das soll nicht heißen, daß deshalb weniger Geschwisterlichkeit und weniger Offenheit praktiziert werden müßten. Es soll heißen: Diese Kirche wird trotz ihrer Fehler und trotz der Rufe nach mehr Anpassung nicht beliebig Glaubensgüter umdeuten können, selbst wenn man ihr den Rücken kehrt. Sie hat die Zusage einer bleibenden Existenz; doch sollte sie weniger moralisierend, mehr moralisch sein.

Selbst wenn alles krisenfest verliefe, wenn der Mensch eine persönliche und heile Gottesbeziehung lebte, bliebe er nicht frei von Zweifeln und von der Möglichkeit eines verfehlten

Lebens. Am Ende bleibt ihm dann nur noch das blinde Hoffen auf einen Gott, der ihn auffängt und so annimmt, wie er ist: klein und erbärmlich. Dann mag sich herausstellen, daß über alle Trauer und Verzweiflung hinweg die schlimmsten Versäumnisse des Menschen wie ein Sandkörnchen vor der Barmherzigkeit Gottes sind. Und daran habe ich keinen Zweifel.

Wege zu einem befreienden Gottesverhältnis

Wer an seinem Gott leidet, ist geneigt, ihm völlig auszuweichen, das heißt sein Gottesbild über Bord zu werfen. Dabei kommt es vor, daß er das Kind mit dem Bad ausschüttet, also nicht allein die falschen Vorstellungen, sondern eben alles ablegt. Als Therapeut versuche ich, die schadhaften und schädigenden Anteile des Gottesbildes freizulegen, um sie dann zu verabschieden. Schädigend sind alle Gottesbeziehungen, in denen die Ehrfurcht zur Angst, der Glaube zum magischen Denken und die Liebe zum Selbstverlust pervertieren. Hier müssen die Werte hinterfragt und zurechtgerückt werden. Das ist ein langer Prozeß, der nicht immer gelingt. Wenn ich selber als geforderter Wegbegleiter den Menschen annehme, wie er ist, ihn ermutige, sein Leben zu wagen, sich gegen Unrecht zur Wehr zu setzen und seinen ersten Impulsen zu gehorchen (die ersten sind meist noch die ureigenen), dann erfährt der andere ein Stück Akzeptanz, wie sie von Gott gemeint ist. Mitunter empfehle ich einem Patienten, sein einengendes religiöses Milieu zu verlassen und sich einer heilenden Gemeinschaft anzuschließen, die wie Jesus tut: Gaben entdecken und ausprobieren, Gefühle und Irrtümer zulassen, gemeinsam Gott loben und sich über die Erfahrungen mit Gott austauschen. Jede Übertreibung des Guten ist schlecht und macht das Gute nicht besser. Jeder religiöse Impuls, der bedrückt, ängstigt oder depressiv macht, stammt nicht von Gott. Das Gefühl, verdammt zu sein, das viele Gläubige haben – Therese von Lisieux litt sehr lange darunter, ebenso Martin Luther –, muß als Ergebnis einer subjektiven Täuschung durchlitten werden. Wer sich als Verdammter empfindet, ist es schon nicht; wer sich als Heiliger fühlt, ist es nicht; wer sich als Demütiger fühlt, ist es nicht. Glaubensanfechtungen und Gefühle von äußerster Gottesferne dürfen als Zumutungen Gottes und als Ausdruck aufrichtiger Suche gedeutet werden. Ignatius von Loyola empfiehlt, in Zeiten solcher Trostlosigkeit niemals eine Änderung vorzunehmen, sondern beständig in den Vorsätzen und Entschlüssen zu bleiben, die man vor der Trostlosigkeit gefaßt hatte. Mit anderen Worten: Treue ist angesagt, egal wie die Stimmung ist.

Die Heilige Schrift sollte von jedem Christen meditiert werden, vor allem die Seligpreisungen (Mt 5), die befreienden Geschichten vom Verlorenen Sohn (Lk 15,11 ff.), von der Ehebrecherin (Joh 8), von den Heilungen. Des weiteren können Bilder des Trostes und der Zuwendung seelische Wunden und Zukunftsängste lindern. Wer kennt nicht die zahlreichen Darstellungen, wo Jesus die Kranken berührt, umarmt, segnet. Manche tun sich schwer mit dem Kreuz, mit den blutigen Bildern und den Darstellungen der Märtyrer. Ihnen sage ich, sie sollten sich mit Bildern umgeben, die ihnen Mut machen und Sehnsucht nach Gott wecken.

Immer da, wo der Umgang mit Gott und den Menschen einen inneren Frieden hinterläßt, wo der Mensch mehr er selbst wird und zu Authentizität findet, liegt die »Freiheit des Christenmenschen« vor. Die einzige Abhängigkeit, die wirklich frei macht, ist die Abhängigkeit von Gott, das heißt die Orientierung nach seinen Geboten und lebensfreundlichen Einstellungen. Man muß dabei nicht immer Geschmack an Gott finden, denn eine willentliche Entscheidung kann nicht ständig von jubelnden Gefühlen begleitet sein. Sich auf Stimmungen und Regungen von Freude und Frieden einlassen, heißt nicht, sich dem Lustprinzip hingeben. Die Gemütsbewegungen müssen aufbauend, nicht zerstörerisch sein. Wer sich als Sünder weiß und plötzlich von Gott abgelehnt glaubt, muß sich fragen, ob er nicht einem trügerischen Gefühl aufgesessen ist; denn Gott lehnt niemanden ab, allenfalls lehnt der Mensch sich selber ab. Wer meint, eine unverzeihliche Sünde begangen zu haben, hat sich selber nicht verziehen; denn es gibt bei Gott nichts Unverzeihliches, ausgenommen, es lehnt einer das Angebot der Versöhnung ab. An ihm allein liegt es also, ob er Vergebung erhalten möchte oder nicht.

Eine große Hilfe kann die phantasierte Begegnung mit Jesus sein, eine imaginative Methode ähnlich der »Phantasiereise« oder dem »katathymen Bilderleben«. Alle Patienten, mit denen ich diese Übung durchführte, äußerten ein unterschiedlich starkes Gefühl der Entspannung und des Wohlbefindens, unabhängig davon, ob sie sich die Person Jesu vorstellen konnten oder nicht. Diejenigen, denen das gelang, waren überrascht über die positiven Aussagen Jesu, über seinen ermutigenden, versöhnlichen Zuspruch. Mir ist kein Beispiel bekannt, in dem Jesus auch nur das geringste angstmachende oder moralisierende Verhalten gezeigt hätte. Je öfter und länger eine solche Imagination geübt wird, desto besser gelingt sie. Es gibt allerdings Menschen, die auf Grund ihrer starken rationalen Einstellung, wohl auch infolge eines Mangels an eidetischer Vorstellungskraft, keinen Zugang zu dieser Methode finden. Daß hierbei autosuggestive und auch projektive Elemente mitspielen, also die eigene Psyche und nicht Jesus persönlich zu Wort kommt, muß den Wert einer solchen Übung keineswegs verringern, wenn sie nur von Herzen gewollt ist. Ich denke, Gott wird den Möglichkeiten, ihm begegnen zu wollen, keine Grenzen setzen.

Sehr hilfreich kann das regelmäßige Besuchen einer Gebets- oder Bibelgruppe sein, die keinerlei Druck ausübt, keinerlei Erwartungshaltungen erzeugt. Hier werden mir leider oft negative Erfahrungen mitgeteilt, etwa in der Weise, daß einem Mitglied der Gebetsgruppe der Gang zum Heilpraktiker angelastet wird, wenn dieser Homöopathie, Irisdiagnostik, Autogenes Training oder Bachblütentherapie anwendet. Derlei Praktiken werden von fundamentalistisch gesinnten Christen als Einfallstore für dämonische Beeinflussung verstanden. Doch halte ich solche Einengungen für nicht vertretbar. Meine eigene fachliche Auseinandersetzung mit diesem Thema sowie Beobachtungen an Langzeitpatienten rechtfertigen in keiner Weise eine Ablehnung der genannten alternativen Heilmethoden.

Gemeinsames Beten mit Leib und Seele, aber auch gemeinsame Freizeitunternehmungen, Mahlzeiten oder Reisen mit erlösten und gelösten Menschen vermögen ein neues, befreiendes Verhältnis mit Gott aufzubauen. Freundschaften mit lebensfrohen und weltoffenen Christen sowie alljährliche geistliche Einkehrtage sind unschätzbare Hilfen, die jeder Psychotherapie überlegen sind.

In unserem Vinzenz-Pallotti-Haus in Freising finden das ganze Jahr über die unterschiedlichsten Veranstaltungen geistlicher Prägung statt. Immer wieder schreiben uns die Teilnehmer hinterher, wie sehr ihnen das Erlebnis der Gemeinschaft zur Heilung ihrer Wunden und zur Korrektur ihres Gottesbildes verholfen hat. Eine Dame bemerkte einmal: »Jetzt weiß ich, daß Gott anders ist. Ich weiß das nicht nur, ich habe es auch erfahren. Zum ersten Mal konnte ich ihm auch für die schweren Zeiten danken. Ich habe erfahren, daß er gleichermaßen liebenswürdig ist und mich liebt, ob ich schuldig bin oder nicht. Nun kann ich wieder mein Leben wagen in der Gewißheit, daß Gott mir jeden Morgen die Kraft für den Tag gibt.«

Literatur

Baumgartner, Isidor: Pastoralpsychologie. Düsseldorf 1990.

Cho, Paul Yonggi: Gedanken zum Buch Daniel. Wuppertal 1992.

Fromm, Erich: Wege zur Befreiung. Zürich 2/1990.

Görres, Albert: Kennt die Religion den Menschen? München 2/1982.

Ders.: Kennt die Psychologie den Menschen? München 2/1986.

Hagenmaier, Heike und Martin: Seelsorge mit psychisch kranken Menschen. Mainz 1991.

Informationsmaterial Nr. 116 der Evangelischen Zentrale für Weltanschauungsfragen. Stuttgart.

Jung, C. G.: Vom Leiden und Heilen. Freiburg/Br. 1991.

Ders.: Von Sinn und Wahn-Sinn. Freiburg/Br. 3/1991.

Ders.: Von Gut und Böse. Freiburg/Br. 1990.

Ders.: Von Religion und Christentum. Freiburg/Br. 3/1989.

Kolakowski, Leszek: Falls es keinen Gott gibt. Freiburg/Br. 1992.

Louf, André: Demut und Gehorsam. Münsterschwarzacher Kleinschriften.

Müller, Jörg: Lebensängste und Begegnung mit Gott. Stuttgart 2/1989.

Ders.: Stell dein Licht auf den Leuchter. Stuttgart 3/1992.

Ders.: Gott heilt auch dich. Stuttgart 6/1993.

Ders.: Ich habe dich gerufen. Stuttgart 2/1993.

Ders.: Wege zum geistlichen Leben. Stuttgart 2/1991.

Perry, M.: Psychic Studies. Wellingborough 1984.

Schotte, Hans: Rückkehr ins Leben (Videofilm), Ottmaring 1992.

Tournier, Paul: Die Starken und die Schwachen. Freiburg/Br. 1980.

Zahrnt, Heinz: Gotteswende. München 1989.

Ders.: Leben, als ob es Gott gibt. München 1992.

INHALT

Vortragskassetten von Jörg Müller

Live-Mitschnitte von Vorträgen mit
60 Minuten Dauer

Betulius Verlag Stuttgart